우아한 육아는 없다!

우아 육아

죠이선교회는 예수님을 첫째로(Jesus First)
이웃을 둘째로(Others Second)
나 자신을 마지막으로(You Third) 둘 때
참 기쁨(JOY)이 있다는 죠이 정신(JOY Spirit)을 토대로
하나님 나라의 확장을 위해 지역 교회와 협력, 보완하는 선교 단체로서
지상 명령을 성취한다는 사명으로 일합니다.

죠이선교회 출판부는 그리스도를 대신한 사신으로
문서를 통한 지상 명령 성취와 하나님 나라 확장을 위해 노력합니다.

우아 육아
© 2016, 2022 정신실

죠이북스는 죠이선교회의 임프린트입니다.

*「토닥토닥 성장 일기」 개정판입니다.

우아한 육아는 없다!

우아 육아

정신실 지음 • **밤비수** 그림

죠이북스

3부
살피다

4부
보내다

우아 육아

아이가 키우는 "엄마"

저는 좋은 엄마입니다

가장 좋은 엄마는 완벽한 엄마가 아닌 "충분히 좋은 엄마"(good enough mother)라고 말한 아동 정신 분석가 도널드 위니캇(D. W. Winnicott)의 기준이라면 그렇습니다. 한발 물러나서 '충분히 좋은' 엄마는 아니지만 '적당히 좋은' 엄마입니다.

　이러나저러나 저는 좋은 엄마입니다. 두 아이를 낳아 적당히 잘 키웠습니다. 적당히 상처도 주었습니다. 그 둘은 모두 성인이 되었습니다. 저보다 훨씬 큰 키와 덩치로 제 앞에 서 있습니다. "엄마, 나 좀 안아 줘" 하고 다가왔다가 "헐, 이렇게 품에 쏙 들어오는 엄마라니! 안아 주긴 무슨. 내가 안아 줄 판이네" 하며 휙 돌아서 가 버립니다.

가끔은 주먹을 꽉 쥔 채로 제 앞에 서서 '엄마에게 얼마나 실망했는지, 엄마로 인해 자신이 얼마나 아픈지' 말하기도 합니다. 그리고 돌아서서 엄마의 뜻을 거슬러 제 갈 길을 갑니다. 거침없이 엄마의 기대를 저버리고 실망을 줍니다. 저는 육아에 성공한 엄마입니다.

어릴 적에는 '무두운(무서운) 엄마'

조금 자라서는 '조폭 신실'이라 부르며 제 앞에서 쪼그라들곤 했던 아이들이 주먹 불끈 쥐고 존재의 온 힘을 끌어내어 저와 맞서던 순간들을 기억합니다. 사춘기의 시작이었을 것입니다. 눈에 힘만 줘도 알아서 엄마 뜻에 맞추던 아이가 끝까지 물러나지 않고 버티던 순간, 스치는 표정만 보고도 엄마의 슬픔을 읽어 내어 따스하게 위로해 주던 아이의 눈빛에 냉기가 서리던 순간입니다. 우리 사랑 여기까지야? 품 안의 자식은 이렇게 떠나가는구나, 상실감의 찬바람이 불어닥쳤습니다.

거기서 끝이 아니었습니다. 더 처절한 시간이 기다리고 있었습니다. 더는 자신을 통제하지 말라, 이기지 말라며 온몸으로 방어를 하더니만 태세를 바꾸었습니다. 최선의 방어는 공격, 공격도불사합니다. 한때 엄마 중독자였던 아이들이, 엄마가 세상에서 가장 좋았던 아이들이 공격자가 되었습니다. 나의 이중성을 거침없이 까발리고 드러냅니다. 아이 거울에 비친 내 모습은 가장 마주하기 싫은 나의 그림자였습니다.

그렇게 아이의 키와 마음이 폭발적으로 성장하는 사춘기에 엄마의 마음은 텅 비어만 갑니다. 그 예뻤던 애가…….

텅 빈 자리에서 부는 찬바람은 어떤 초대장 또는 이정표였습니다

아이를 '키우는' 시간은 끝났습니다. 잘 키워 보겠노라 쓰던 힘을 빼야만 하는 때가 된 것입니다. 무언가 이루고자 애쓰며 살아온 인생의 오전에서 오후로 넘어가는 시간이기도 합니다. 중년의 위기 또는 기회로 불러도 좋겠습니다.

텅 빈 자리에 무엇을 채워야 할까요? 리처드 로어(Richard Rohr)신부님은 그렇게 표현하더군요. 애쓰고 노력하여 컨테이너를 만드는 생의 오전이 끝나고 그 컨테이너에 담을 것을 분별하는 시기라고요. 영원한 나라에 가져갈 진정한 것을 건져 올리라고요. 영적인 초대장이었습니다.

아이는 저를 여기까지 데려다 놓았습니다. 가장 무력한 존재로 내게 와, 무거운 책임감의 옷을 입히고는, 그렇게나 창의적으로 저를 웃기고 울리더니만 저를 이만큼 키워 냈습니다. 저는 육아(育兒)에 성공한 엄마입니다. 그리고 저는 육아하다 육아(育我)당한 엄마입니다.

저절로 된 육아(育兒 또는 育我)는 아닙니다

나름 피나는 노력을 했습니다. 아이와 나를 동일시하지 않고 나와 다른 존재로 바라보기 위해서요. 피는 나중에 났고, 어렸을 적에는 그 바라봄이 일종의 경이였습니다. 「토닥토닥 성장 일기」라는 제목으로 나왔던 육아 일기를 다시 읽어 보니 그렇습니다. 거리를 두고 바라보는 아이, 아이의 세상은 경이로운 기쁨, 그 자체였습니다.

이 책에 담긴 귀여웠던 아이를 다시 안아 볼 수는 없는 것인가?

새로운 상실감이 스치더군요. 나중에 천국 가서 만날 때, 어떤 존재의 모양으로든 선택할 수 있다면 그러고 싶습니다. 젊은 날의 나, 다섯 살 채윤이, 두 살 현승이로 만나 신나게 다시 놀아 보고 싶습니다. 어서 이 육아가 끝나기를, 우아하게 외식할 날이 오기를 바라던 육아 지옥의 시절이 생애 가장 생명력 넘치는 시간이었음을 뒤늦게 확인합니다.

쓰기를 참 잘했습니다

아이가 여물어 가는 순간순간을 기록으로 남기길 참 잘했습니다. 그렇게 쓴 덕분에 거리를 두고 관찰할 수 있었고, 나와 다른 존재의 빛깔을 확인할 수 있었습니다. 나와 아이 사이에서 빛나는 구슬 서 말의 순간을 꿰었더니 보배가 되었습니다. '엄마 됨'에서 '나 됨'의 맥락을 짚어 낼 수 있게 되었습니다. 쓴 덕분에 헤아릴 수 없는 실패와 허물을 안고도 좋은 엄마, 성공한 엄마라는 자부심으로 생의 오후 상실감 앞에서 영성의 시간을 맞이할 수 있게 되었습니다. 찬란한 상실감입니다.

「토닥토닥 성장 일기」는 둘째 현승이가 태어나면서 네 식구가 되는 이야기로 시작됩니다. 둘째가 두어 달 전에 성인이 되었습니다. 성인이 된 아이들과 함께 다시 읽으며 개정판 작업을 했습니다. 새롭게 읽혔습니다. 새롭게 감사했고요. 「우아육아 : 우아한 육아는 없다」라는 제목으로 새로운 옷을 입혀 주신 죠이북스에 감사드립니다. 17개월 윤슬이를 육아하며 육아당하시는 편집자 김세나 간사님에게도 감사드립니다. 집안의 세 명의 성인(Saint는 아닙니다. 아, 어쩌면 Saint일지도. 조폭 신실을 인내하기란 여간한 일이 아닙니다) 종필, 채윤, 현승에게 사랑을 전합니다.

우아한 육아는 없습니다. 우아한 인생도요. 울고 웃으며, 만족하고 실망하며 함께 자라는 긴 여정이 있을 뿐입니다.

2022년 6월

정신실

부모와

하다못해 자동차 운전을 위해서도 자격 시험을 쳐야 하는데, 우리
는 너무 쉽게 부모가 되는 것 같습니다. 한 인간의 인생 행로를 좌
지우지할 엄마, 아빠라는 이름을 얻으면서 말입니다. 그러나 낳아
보면 알고, 키워 보면 깨달아집니다. 이것은 생명을 다루는 일이
구나! 어마어마하구나! 자격증이나 인증된 매뉴얼은 없지만 나름
대로 열심히 부모 노릇을 하게 됩니다.

 밤잠을 설치고, 우아한 일상 따위 내려놓고 전에 해 보지 않은
자기 포기의 삶을 삽니다. 그러나 어쩐 일인지 썩 잘하고 있다는
느낌은 없습니다. 아이가 다치거나 병에 걸려 아픈 것도, 어린이

집 친구와 부딪히는 모난 성격도 부모 노릇 제대로 하지 못한 내 책임 같습니다. 아, 역시 운전 면허증보다 더 냉혹한 기준의 '부모 면허증' 자격시험이 필요한 모양입니다.

아이가

'당신은 사랑받기 위해 태어난 사람.' 있는 그대로의 모습으로 사랑받을 것을 기대하고 세상에 온 아이 입장도 있습니다. 세상을 대표하는 엄마 아빠가 나를 온전히 받아 주는 것 같지 않습니다. 지금은 아이를 가질 때가 아니라고, 아들이 아니라고, 딸이 아니라고, 기대하던 얼굴이나 성격이 아니라고, 하필 누구누구를 닮았다고, 직장 스트레스 때문에 여유가 없다고, 산후 우울증이라고…… 내가 기대하던 사랑을 주지 않습니다. 엄마 아빠가 좋은데, 엄마 아빠도 분명 나를 좋아할 것 같은데 어른의 삶이란 사랑에만 집중할 수 없는 무엇이 있는가 보죠. 이것이 세상이려니, 적응하며 자라갑니다.

여무는 시간

손톱만 한 도토리 알이 커다란 참나무가 된다니 두 존재의 연관성이 믿기 어려울 정도입니다. 한 사람이 자기 자신이 되어 꽃피운다는 것은 그렇듯 신비로운 일입니다.

부모는 도토리 한 알 같은 아이가 참나무가 되도록 자라는 과정을 함께합니다. 실은 부모 또한 여전히 자라고 있는 어린 참나무인지도 모릅니다. 아이도 부모도 자기다운 모습으로 꽃피우기 위해 여전히 여물어 가는 존재입니다.

존재의 발아기를 지내는 아이는 아이대로, 지켜보며 보듬고 먹이고 입히는 부모 역시 부모대로 자기 몫의 여무는 시간을 걷고 있는 것입니다. 부모는 어린 자녀의 버팀목이 될 만큼 품 넓은 나무로 단단해지기 위해 육아 전쟁의 비바람을 맞습니다.

토닥토닥

육아 지침과 조언이 난무합니다. 웃는 엄마가 아이의 발달을 어떻게 자극하고 돕는지 코끝이 찡하도록 감동을 주는 영상을 봅니다.

'그래, 바로 이거야. 더 열심히 웃어 주자.' 잠시 잠깐 힘이 되지만 금세 자기 비난의 손가락질로 다가옵니다. '나는 우리 아이를 향해 하루에 몇 분이나 웃어 주는가? 우리 아이 성격이 까칠한 이유는 바로 나야.' 자기 계발식의 육아 지침이 주는 도전과 자책감, 득과 실을 계산하면 어떻게 될까요? 플러스, 마이너스 제로! 항상 웃는 엄마는 세상에 없습니다.

모든 엄마에게는 하염없이 퍼 주는 사랑이 장착되어 있다는 모성 신화에 의문을 품어야 합니다. 애를 쓴다고 쓰지만 부족한 엄마를 있는 그대로 인정해 줄 사람은 나 자신뿐입니다. 나 스스로를 인정해 주고 토닥토닥 위로할 힘이 있는 엄마가 건강한 엄마입니다.

성장 일기

밀과 보리가 자라는 것은 누구나 다 압니다. 아기의 몸이 여물어 가며 목을 가누고, 뒤집고, 기고, 걷습니다. 누구나 다 압니다. 4개월 된 내 아이가 끙끙거리다 결국 뒤집기에 성공하는 것을 지켜본 엄마의 앎은 다릅니다. 경이로움 가득한 진정한 앎입니다. 엄마가 쓰는 육아 일기는 유일한 한 생명에 대한 경이로움의 기록입니다.

이 책은 10여 년 세월이 담긴 성장 일기입니다. 밀과 보리가 자라는 흔한 이야기를 마치 제 아이들만 자라는 것처럼 호들갑스럽게 떠들어 댄 흔적입니다. 이 사적인 이야기를 만천하에 공개하는 목적은 호들갑 엄마 동지들을 모으기 위함입니다. 누구나 다 아는 아이의 일상에서 생명의 신비를 건져 올리고 기록하자고, 내일로 미루지 말자고 옆구리 찌르는 선동입니다.

부모와 아이가 여무는 시간,
토닥토닥 성장 일기

한 10여 년, 두 아이 키우는 이야기를 개인 블로그에 남긴 글 조각이 족히 700개는 되었습니다. 인내심과 정성으로 글을 골라 내고 다듬어 주신 이성민 편집장님이 아니었다면 이 책은 없었을 것입니다. 한 자루에 담긴 밀과 보리를 일일이 골라내 분류하신 노고로 성장 일기가 모습을 갖추었습니다. 이제 두 돌이 되는 딸과 함께 부모로 여물어 가는 시간에 하신 작업이라 더욱 감사하고 의미가 있습니다.

제가 키웠다고 생각했지만 실은 저를 키운 두 아이 채윤이와 현승이, 엄마의 빈 구멍을 묵묵히 채워 주는 아이들 아빠의 공도 말할 수 없습니다. 함께 여물어 가는 시간이 고마울 뿐입니다.

2016년 10월 20일

1부

만나다

둘에서 셋, 셋에서 넷이 되다

~~~~~~~~~~~~~~~~~~~~~~~~~~~~~~~~~~

대학원을 마치고 학교에 남아 조교로 일하는 동안 첫째 채윤이를 품었다. 출산 예정일과 학기 마치는 시기가 딱 맞아떨어져서 좋아했다. 배 속에 있을 때 '푸름'이라 불리던 채윤이는 바깥세상이 궁금했는지 예정일을 열흘이나 앞두고 나왔다. 학기를 다 마무리 짓지 못해 죄송한 마음으로 교수님에게 메일을 썼다. 교수님은 "인생에서 첫 아이를 낳았을 때, 그때가 가장 행복하다. 염려 말고 잘 지내라"라는 답신을 주셨다. 이 말의 의미를 그때 알았더라면…….

내 인생 하나도 버겁던 30년을 살다 막연한 설렘 충천하여 한 남자와 삶을 맞대고 포개게 되었다. 결혼을 통해 새로 지은 집(가정)이니까 새집 증후군 같은 것이 있을지도 몰랐다. 인생 초보자들이 지은 신생 가정이 안정권에 들면 그때 아이를 갖자고 약속했다. 인생에서 다시없을 둘만의 소꿈놀이 같은 신혼을 보내고 아이를 가졌다. 여린 생명 하나를 보듬는 일은 총체적으로 힘든 일이었고, 전인격적으로 경이로운 일이었다. 때로 책임감에 압도되어 두려움에 휩싸이기도 하고, 잠과 쉼이 부족한 당혹스러운 날들을 살기도 했다. 그러면서도 한 아기를 가운데 눕히고 몸을 낮춰 바라보노라면 엄마 아빠가 된 우리의 정체성이 믿어지지 않을 정도로 신기했다. 내게 온 이 작은 생명이 하루가 다르게 자라며 의식이 또렷해지고, 자신과 타인의 경계를 인식해 가는 것도 놀라웠다.

때문에 첫째 아이를 키울 때는 우리 부부가 함께 매일 새로움을 몸으로 겪으며 이래저래 정상적인 상태는 아니었던 것 같다. 첫사랑에 빠졌을 때처럼 마법의 보자기를 쓴 느낌이었던 것 같기도 하고. "인생에서 가장 행복한 때"라는 교수님의 말씀은 그런 환상적인 느낌을 말하는 것일까?

둘째 현승이를 낳고 셋에서 넷이 되었을 때, 채윤이 앞에도 인생의 새로운 문이 열렸다. 엄마, 아빠, 할아버지, 할머니의 관심과 사랑이 모두 자기 것인 줄 알았던 큰아이 채윤이의 인생은 예고 없이 들이닥친 사랑의 경제 원리에 휘말리고 말았으니! 온종일 누워서 울기나 하는, 인형도 아니고 사람도 아닌 어떤 모호한 존재를 자기 삶의 영역으로 받아들이는 일은 일종의 박탈감일 것이다. 부모 역시 이 사이에서 죄책감과 좌절을 오가는 감정을 자주 경험하게 된다.

둘째를 낳고 산후조리를 마치고 집에 왔을 때, 남편이 젖병을 닦아 소독하면서 말했다. "군대에 다시 가는 느낌이야. 아, 이걸 또 해야 하다니."
아마 알 만한 건 다 아는, 이미 가 본 길을 다시 가야 하는 느낌일 것이다.
부모 노릇에 대해서 너무 좋거나 너무 힘들다는 환상이 벗겨지고 비로소
맨정신이 된 것인지도 모른다. 첫 아이를 낳았을 때만큼 행복한 때가 없다
는 의미는 둘째부터는 맨정신으로 가는 길이라는 뜻일까? 모든 사랑이 진
짜가 되는 지점은 환상이 벗겨진 그 지점에서 시작한다. 그 지점부터 '자기
확장'이라는 고통스러운 성숙이 시작되기 때문이다. 처음 부모가 되어 어
리바리한 환상에 사로잡혀 3년 가까운 시간이 휙 지나갔다. 어른 둘과 아
이 둘이 사는 우리 가정에 사랑과 행복의 또 다른 도전이 시작되었다. 혼자
서 30년, 어느새 둘, 셋, 넷. 넷이서 뒹굴며 함께 자라가는 구불구불한 오솔
길로 들어선 것이다.

미운 동생 지켜 주기

엄마의 배 속에서 '기쁨'이라 불리던 동생이 '현승이'로 변신하여 집에 왔습니다. 무슨 일인지 엄마와 동생은 집으로 오질 않고 한동안 병원같이 생긴 산후조리원과 외갓집을 돌며 방황했더랍니다. 드디어 엄마와 아기가 집으로 왔습니다. 아, 이제 동생하고 블록 놀이도 같이 하고, 노래도 함께 부르고 신나는 일만 남은 줄 알았는데 각본과는 다릅니다. 동생이라는 아기 놈은 생긴 것만 사람이지 걷지도 못하고 말도 못하고, 인형에 가까운 것 같습니다. 인형이면 인형답게 굴 것이지 왜 그리 울어 대는지 시끄럽기만 합니다. 동생이 저런 물건이었다니!

무엇보다 할머니, 할아버지, 엄마, 아빠 모두 다른 사람이 되어 세상이 이상해졌습니다. 나만, 오직 채윤이만 바라보던 그 하트 뿅뿅 눈빛들이 사라졌습니다. 아가에게 정신들이 팔려 있습니다. 동생을 기다리며 꿈에 부풀었던 채윤이, 섭섭하고 화가 납니다. 동생이 밉습니다. 엄마와 동생이 집으로 온 지 며칠 만에 동생 기쁨이는 현승이라는 '적'이 되고 말았습니다.

동생 현승이가 감기에 걸려서 콧물이 줄줄줄 흐릅니다. 밤에 코가 막혀서 잠을 잘 못 자고 캥캥거립니다. 아빠는 동생 코에 뭔가를 대고 입으로 쭉 빨아서 콧물을 빼는 더러운 일을 자꾸 합니다. 물론 현승이는 죽겠다고 웁니다.

요 며칠 잠자기 전 이 더러운 의식을 거행하고 있습니다. 현승이는 집안이 떠나가라 웁니다. 누나 채윤이는 옆에서 고래고래 소리를 지릅니다. 미운 현승이를 나무라는 것 같았습니다. 아무리 말을 해도 못 알아듣는 현승이가 정말 답답하거든요.

그런데 현승이에게 하는 말이 아니었나 봅니다. 소리를 지르다 지르다 아빠에게 달려들더니 붙들고 흔들어 대며, "아빠, 하지 마! 그만해!" 하며 고함을 칩니다.

"현승이가 울잖아. 불쌍하잖아. 그만해!"

야멸차게 아빠를 나무라더니 현승이를 향해서, "누~우가? 누가? 우리 현승이를…… 아빠가 그랬어? 우~야 우야" 달래는 겁니다.

이 날 이후 아빠가 또 현승이 코를 뺄 때는 누나 몰래 해야 합니다.

"어, 내가 코 빼지 말라고 했지?"

각본과는 다른 미운 동생,

지킬 땐 지키기로 했나 봅니다.

득도한 어린이
더 이상 울지 않는다

두 아이를 함께 보시는 건 부모님에게 무리라는 결론이 나왔습니다. 육아 휴직이 끝나기 전 채윤이를 어린이집에 보내고 적응시키기로 했습니다. 어린이집이 뭔지도 모르는 채윤이, 갑자기 달라진 환경에 적응하는 게 쉬운 일이 아닙니다. 아침 등원 시간마다 울던 채윤이, 갑자기 눈물을 닦고 어린이집 버스를 탄 사연입니다.

아침에 눈뜨자마자 아빠랑 눈이 마주쳤는데 역시나 "나 어린이집 안 가"로 하루를 시작했습니다. 설명과 토론을 좋아하는 아빠가 "아빠도 가끔 학교 가기 싫은데 학교에 꼭 가거든……." 마구 지겹게 설명을 해댔답니다.

"어린이는 어린이집에 가고, 아빠는 어른이니까 학교 가고, 엄마는 회사 가고 그러는 거야."

그러자 채윤이, 콜럼버스가 신대륙을 발견한 표정을 짓더니, "어, 안나(자신을 가리키는 일인칭 고유 명사) '**어린이집**'하고 '**어린이**'하고 똑같네. 엄마, 안나 어린이집하고 어린이하고 똑같아요" 하면서 주방으로 뛰어듭니다. 갑자기 도를 깨달은 것이죠.

'아, 어린이는 어린이집에 가야 한다. 왜? 어린이니까.'

동생이 태어나면서 채윤이는 어린이 정체성을 강하게 내면화하는 중이었거든요.

'아가란 저런 애를 두고 하는 말이구나.
나는 아가가 아니구나. 나는 누나야. 나는 어린이야.'

그러고 나서 엄마가 차를 태워 어린이집에 데려다 줬는데 울지도, 망설이지도 않고 "엄마, 안녕" 하고 총총히 현관 안으로 사라졌습니다. 득도한 채윤이, 더 이상 울지 않아요.

누구를 위한 자장가인가

할아버지 할머니는 여행 가셨고, 아빠는 퇴근이 늦어서 엄마는 두 아이를 홀로 재워야 했습니다. 현승이가 태어나고 처음 있는 일입니다. 현승이를 먼저 재우기로 했습니다. 현승이를 안고 자장가용 축복송을 부르기 시작합니다.

"하루하루에 주의 선하심이 현승이에게 끊임없고 영원하기를……."

"엄마~아, 채윤이. 채윤이라고 불러. '채윤이에게 끊임없고'라고 해. '현승이에게 끊임없고'라고 하지 마!"

누나가 호통을 칩니다. 그래서 눈은 현승이와 맞추고 노래는 "주님의 날까지 채윤이 인격이 진실하여 허물없이 이르기를……" 하고 불렀습니다. 이러면 도대체 누굴 축복하는 건지. 하나님이 알아서 하시겠죠.

현승이를 재우고 채윤이랑 한판 놀고 나서 침대에 벌렁 누웠는데 노곤한 몸이 풀리면서 스르르 잠이 들려 합니다.

"엄마~아, 씻고 잠옷 입고 자야지."

채윤이 목소리가 꿈결같이 들립니다.

"엄마, 자?" 몇 번 확인하더니, 귀에 대고 속삭입니다.

"엄마 코 자고 내일 회사 잘 갔다 와. 회사 가서 열심히 재밌게 놀구 와." 쪽!

어머, 잠이 확 깼습니다. 다시 잠을 청하는데 귓가에 그 목소리 쟁쟁합니다.

'코 잘 자고 내일 회사 가서 재밌게 놀다 와.'

내일 회사 가서는 열심히 놀고 와야겠습니다.

가족이…… 뭐라는 거야?

"아빠, 나 좀 한번 안아 주세요. 엉엉!"

채윤이, 위로가 필요할 때 하는 표현입니다.

엄마 아빠가 없는 낮 시간에 할아버지, 할머니 두 분이 채윤이 머리를 감겼나 봅니다. 채윤이는 머리 감을 때 거꾸로 머리 숙이는 걸 아주 무서워합니다.

"살려 주세요. 할머니, 살려 주세요."

이러는데도 할머니가 안 살려 주시고 머리를 빡빡 감기시는 통에 무섭고 서러워 한참을 울었나 봅니다. 그러다 옆에서 멍한 표정으로 '이게 뭔 일인가?' 하고 보는 현승이한테 가더니 이랬더랍니다.

> "현승아, 나 좀 한번 안아 줘.
> 우리 가족이잖아."

현승이, 이게 도대체 어떤 상황인가? 가족이 뭐라는 얘긴가? 이러다 어딜 한 대 때리려고 이러나, 침을 질질 흘리면서 그저 바라만 보고 있었겠지요.

누나는 어쩌다
미운 아이가 되었나

날이 갈수록 자기주장이 강해지는(이라고 쓰고 똥고집 대마왕이라고 읽는다) 채윤이. 하는 짓이 그렇다 보니 여기저기에서 엄청 구박받습니다. 퇴근해서 집에 오면 할아버지 할머니는 오늘 채윤이가 어떻게 말을 안 들었는지 이르기 바쁘십니다. 이에 질세라 채윤이도 "엄마, 엄마 회사 갔을 때~에, 할아버지가 자꾸 채윤이한테 쎄게 말해서. 그래서 채윤이도 화가 나"라고 합니다.

"너는 말 안 듣는 애야. 넌, 못된 아이야. 넌, 나쁜 누나야"라고 할아버지가 자꾸 이렇게 말씀하십니다. 그나마 엄마랑 아빠가 집에 오면 서로서로 감정 정리하며 하루를 마감합니다.

저녁 먹고 채윤이가 귀지를 파 달랍니다. 엄마 무릎에 누워서 이쪽저쪽 살살 파 주면 참 좋아하지요. 엄마가 잠시 가스 불 끄러 일어난 사이 혼자서 자기 귀를 파려고 했나 봐요. 아직 조절이 잘 안 되다 보니 그냥 팍 찌른 거죠. 아프기도 하고 놀라기도 해서 자지러지게 우는데 옆에 계시던 할아버지, 할머니는 눈도 깜짝 안 하시면서 "지가 혼자 파다가 울고 있어" 이러시네요. 아픈데다 서럽기까지! 엄마한테 달려와 울기 시작하는데 울음 끝이 짧은 채윤이가 도통 그치지를 않네요. 웬만큼 잦아졌다 또 울고, 침대에 누워 책을 읽어 주는데 또 훌쩍거리고……. 그 기분으로 잠들게 하지 않으려고 엄마가 몸을 던져 웃겨 봤건만 실패.

한때, 할아버지, 할머니 사랑을 한 몸에 받던 채윤이. 채윤이가 입만 뻥긋해도 좋아서 어쩔 줄 모르시던 할아버지, 세상에 이렇게 귀엽고 똑똑한 아이를 본 적이 없다고 하셨는데 어쩌다 채윤이는 이렇게 미운 아이가 되었을까요? 감기로 켁켁거리는 현승이를 아빠에게 맡기고 채윤이 침대에서 함께 잤습니다.

알아도 어떻게 해줄 수 없는 상처가 있다는 것,
엄마가 되어 가장 마음이 아플 때입니다.

그럴 때마다 그저 안아 줄 밖에요.

욕 좀 하는 아기, 현승

두 녀석을 먼저 씻겨 내보내고 욕실에서 씻고 있는데, 김현승 죽겠다고 우는 소리가 들립니다. 울음소리가 거의 "아악, 나 죽어 나

죽어"입니다. 이내 쿵쾅거리며 방으로 달려가시는 할아버지 할머니. 여지없이 나쁜 누나 김채윤, 할아버지께 야단맞는 소리가 들립니다.

"애를 왜 이리 깔아뭉개? 니 동생이야 니 동생! 너 그냥 콱 때려 줄 거야. 현승이 괴롭히기만 해 봐!"

다 씻고 나왔더니 어느새 둘은 침대에서 뒹굴며 깔깔거리고 있습니다. 조용히 물었습니다.

"채윤, 왜 아까 현승이 깔아뭉갰어?"

"응? 음……. 어제~에 엄마 아빠 회사 갔을 때~에 현승이가 나를 속상하게 했어."

"어떻게 속상하게 했는데?"

"음…… 음…… (시간을 버는 중) 아, 생각났다! 나한테 나쁜 말 했어."

"정말? 무슨 나쁜 말?"

"음…… 무슨 나쁜 말이냐면…… (빨리 안 떠올라. 어째!) 음…… 나한테 나쁜 년이래. 누나한테 그렇게 말하면 안 되지~이?"

그랬겠다. 현승이가 욕 좀 하는 애니까.

"으꿍, 으끄르르…… 아…… 까르르…… 누나 나쁜 년."

그랬겠네.

02

'떡 아기'로부터의 기록

~~~~~~

친정 엄마로부터 유래한 말 중에 무릎을 탁 치게 만드는 메타포를 담은 말들이 있는데 그중 하나가 '떡 아기'다. 생후 몇 개월, 그야말로 떡처럼 한자리에 누워서 울고 싸는 것 외에는 아무것도 못 하는 아기다. 떡 아기! 이 얼마나 적절한 이름 붙이기인가. 영유아기 아이들을 교육하고 치료하는 일이 직업인 내게 '연령에 따른 발달 단계'는 눈 감고도 줄줄 꿰는 영역이다. 그러나 내 몸으로 아이를 낳고 잠을 설치며 경험하는 발달 단계는 입으로 줄줄 외우는 것과 비교할 수 없는 경이로움이다.

바닥에 딱 붙은 떡 아기를 땅과 수직으로 안으면 고개가 끄덕끄덕. 엄마 손으로 목을 받치지 않으면 1초도 들 수 없는 헝겊 인형 같다. 불과 한두 달이 지나면 그 목이 빳빳해지며 힘이 들어간다. 멍하니 천장만 바라보던 떡 아기의 눈빛은 몇 달이 지나지 않아 엄마의 얼굴을 알겠다는 '인식'의 빛으로 빛난다. 이것을 발견하는 일은 고되고 막막한 육아의 시간을 비추는 선물 같은 빛이다.

생후 1년 6개월까지는 세상에 대한 기본적인 신뢰감을 형성하는 시기라고 한다. 사실 그 시기에 엄마가 해줄 수 있는 것은 먹이고 재우고 기저귀 갈아 주고 씻기는 일이 거의 전부다. 엄마가 그 단순한 일을 반복하는 동안 아이는 가만히 누워 세상에 대한 믿음을 쌓아 간다. 하지만 단지 그것만은 아닐 것이다. 엄마가 주는 것은, 먹여 주고 기저귀를 갈아 주면서 기본적인 욕구를 채워 주는 것만이 아니다. 끝없이 주고받는 스킨십, 사랑 가득한 눈빛, 알아듣거나 못 듣거나 사랑을 고백하고 상황을 설명하며 떠들어 대는 우스꽝스러운 수다. 떡 아기는 가만히 누워 이 모든 것을 온몸으로 흡수하여 '신뢰'를 형성해 가고 있을 것이다.

첫 아이를 키울 때는 6개월 이전의 그 뚱하고 멍한 표정에서 읽어 낼 수 있는 것이 별로 없었다. 두 번째 가 보는 길은 예측이 가능하지 않은가. 아이의 멍하고 뚱한 표정 속에 얼마나 다양한 성격의 컬러가 숨겨져 있을지 현실감 있는 상상이 가능해졌다. 표정이 멍하다고 세상과 차단된 채로 있는 것이 아니라 그 뚱한 표정으로도 세상을 스캔하고 있으며 자극을 받아들이고 있다는 것을 보는 눈이 생겼다. 그리고 이 아이의 '성장 일기'를 쓰면서 떡 아기의 작은 몸짓에 의미를 부여하는 재미있는 엄마 놀이를 발견했다. 그 의미란 '너도 엄마와 같은 인간이구나'라는 인격적인 대상으로의 인식이다.

　성장 일기는 아이를 위한 기록이면서 엄마 자신을 위한 기록이기도 하다. 젖 먹이고, 우유병을 소독하고, 기저귀를 갈고, 잠투정하는 아이를 재우느라 진땀을 빼는 끝없는 노동 속에서 생명과 인격을 발견하는 눈을 뜨게 하기 때문이다. 그 눈이 생기니 말이 안 통하는 아이가 조금 더 인격으로 보인다. 인격이기 때문에 항상 좋은 관계가 유지될 수는 없다. 벌써부터 크고 작은 갈등이 그 아이와 나를 갈라놓는다. 겨우 재워서 바닥에 눕혀놓으면 눈을 번쩍 뜨기도 하고, 밤에 자다 깨서 자지러지게 울어 대기도 한다. 손가락질을 하면서 뭔가를 해달라며 울고 뒤집어지는데, 아직도 이유가 밝혀지지 않았다. 그 알 수 없는 이유로 밤을 하얗게 밝히기도, 아이를 침대에 던져 버리고 싶은 충동에 휩싸이기도, 조그만 아이 앞에서 불같이 화를 내기도 했는데, 그럴 때 참회로 쓴 성장 일기 한 페이지도 있다. 말이 안 통하는 아기에게 이유 없이 당한 폭력 아닌 폭력에 대해서 글로 질문을 남겨 놓기도 했다. 그 답을 언제 누구에게 들어야 할지는 모르겠지만, 기록은 한 걸음 물러서서 아이를 바라보게 한다. 숱한 답 없는 물음표의 연속이지만 그사이 떡 아기는 기동력을 장착하고, 엄마 말을 알아듣는 귀를 장착하고 있었다.

뒤집어 본 세상

 나는 엄마 배 속에서 나온 지 100일이 되어 가는 현승이다.

며칠 전부터 한쪽 엉덩이에 힘이 들어가기 시작했다.

지난번 목에 힘이 들어갈 때하고 느낌이 비슷하다.

지난번에도 그랬다.

누가 날 안기만 하면 자꾸 목에 힘이 들어갔던 것이다.

그러다 보니 그냥 끄덕끄덕이던 고개가 내 맘대로 조절되기 시작했다.

목에 힘이 들어가니까 이쪽저쪽 볼 수도 있고 참 좋았다.

세상이 천장만 있는 게 아니었구나.

이쪽저쪽이란 게 있구나 싶었다.

엄마가 "우리 현승이 이제 목 가누네" 하면서 되게 좋아하셨다.

암튼 이번엔 자꾸 한쪽 엉덩이에 힘이 들어가면서 막 들썩거린다.

이게 되면 뭔가 또 새로운 세상이 열리겠다 싶어서 계속 힘줬다.

한 번 두 번 자꾸만 노력하니 몸이 뒤틀린다.

어, 어……. 왜 이리 자꾸 몸이 뒤틀리지? 어!

그때, 엄마랑 할머니랑 "와, 뒤집었다!" 환호성을 질렀다.

내가 확 뒤집은 거다.

근데 이게 웬걸!

나는 정말 멋진 세상이 있을 줄 알았다.

눈앞이 노랗기만 하다.

이건 뭐지?

그러고 있노라니 힘이 들어서 긴장을 풀었다.

그랬더니 그 노란 데다 머리를 꽁 박고 말았다.

뒤집어 본 세상이 뭐 이리 싱거워? 칫!

그나저나 다음번에는 어디에 힘이 들어가려나?

손가락 하나로 표현하기

말보다 먼저 나오는 자기주장의 한 형태, 포인팅. 이것이 나왔습니다. 현승이는 손가락 하나로 온 가족을 들었다 놨다 합니다. 방에서 안고 있으면 끙끙거리면서 현승이는 손가락으로 문을 가리킵니다.

'날 안고 나가라.'

거실에서 할아버지와 자고 일어나 앉아 있습니다. 안아 주려고 다가갔더니 고개를 획 돌린 후 목욕탕으로 들어가는 아빠를 포인팅.

'너 말고, 너! 키 큰 애. 니가 안어.'

뒤늦게 일어난 누나가 '와우와우 수건'(분신처럼 가지고 다니는 작은 담요) 질질 끌고 방에서 나오는데 포인팅.

'할아버지, 맨날 이유 없이 날 때리는 애, 쟤 나왔어.
방어 태세 필요해.'

너의 등에 달린 센서

현승아, 엄마는 그 센서 영원할 줄 알았어. 정말 막막했단다. 도대체 내가 널 품고 무슨 죄를 지었기에 네가 그렇게 어마어마한 센서를 장착하고 나온 건지. 손바닥만 한 너를 재우기 위해 엄마, 아빠는 물론 할아버지, 할머니까지 총동원되어 안절부절했지. 엄마는 사실 요즘 너의 모습이 낯설고 꿈은 아닐까, 믿어지지가 않아.

겨우 잠들었나 싶어 바닥에만 눕히면 이내 화들짝 깰 뿐 아니라 바로 그치지 않는 울음을 터트려 버리는 너, 정말 당황스럽고 무섭기까지 했어. 할머니는 말씀하셨지.

"애 등에 바늘 있나 봐라. 바늘이 찌르나 보다. 어쩜 저렇게 울겠냐."

바늘이 있는지, 아니면 울음 시작 버튼이 등에 있어서 눕히는 즉시 작동되는 것인지 정말 알 수가 없었지. 네 누나가 워낙 단계마다 수월하게 자라 준 탓에 솔직히 너라는 아이, 조금 그랬어.

요즘 엄마 없는 낮 시간에 울지 않고 잘 논다며? 말수도 적으신 할아버지가 엄마 퇴근하면 "현승이 에미야, 우리 현승이 오늘 끽소리 안 하고 잘 놀았다" 하시는데 엄마 마음의 돌덩이 하나가 치워진 느낌이야. 아닌 게 아니라 너 정말 둥실둥실 잘 놀더라. 그리고 요 며칠 밤에 불 끄면 침대에서 뒹굴고 발을 구르다 일어나서 벽을 긁고, 혼자 '까꿍'을 하다가 엄마 몸에 탁 붙어서 잠이 들지. 널 재우는 일이 이렇게 수월해졌어! 영원할 것만 같던 네 등에 달린 공포의 센서, 배터리가 끝났나 보다.

고마워! 하루하루 사람이 되어 줘서.

꼭꼭 숨는 곳

기동력이 생긴 현승이가 요즘 가장 좋아하는 곳은 화장실입니다.

화장실 문만 열려 있으면 냅다 날아서 들어가 앉아 있습니다.

낮에 할아버지, 할머니가 거실에 계시다가 현승이 녀석 조용하다 싶어 찾으시면 영락없이 껌껌한 화장실에 혼자 들어가 앉아 있답니다. 오늘도 조용히 사라진 현승이를 찾아 안방 화장실로 가보니…… 화장실 바닥에 앉아, 운동화도 빨고 때로는 하수구 머리카락 제거하는 데도 쓰는 칫솔로 치카치카를 하고 있더라나 뭐라나요.

야, 당분간 우리 뽀뽀하지 말자.

증거 인멸을 했어야지

비누 왼쪽에 생긴 선명한 이빨 자국. 생쥐 한 마리가 돌아다니는지, 어떤 녀석이 우리 집 욕실에 들어와서 비누를 훔쳐 먹었습니다. 범인을 잡는 것은 생각보다 쉬운 일이었습니다. 왜냐하면 놈이 너무나 분명한 증거를 남기고 갔기 때문입니다. 이빨 자국!

일단 이 개수가 많지 않은 녀석입니다. 자세히 보니 두 개의 나란한 이 옆에 난 건 뻐드렁니일 가능성이 높습니다. 자국이 약간 비켜 가 있습니다. 무엇보다 비누를 먹는 건 흔한 식성이 아니죠.

아……바로 그놈!

휴지, 먼지, 걸레…… 이런 걸 수시로 입에 갖다 넣는 놈!

그동안 입으로 먹었던 더러운 것들을 씻어 낼 요량이었을까
요? 지금 체포하러 갑니다.

오케이, 엉!

수용 언어가 늘어 가고 있습니다. 가르친 적이 없는데 말귀를 알
아듣는단 말이지요.

"현승이 졸려? 침대 가서 잘까?"

(고개 한 번 끄덕이며) "엉!"

"물 줄까?"

(식탁을 가리키며) "엉! 무!"

"아우 냄새~ 응가했어?"

(똥꼬를 가리키며) "엉!"

"가서 기저귀 좀 가져와."

"엉!"

요즘 장염기가 있어서 밤에 자다 뿌지직하는 소리와 함께 엄청난 냄새가 진동합니다. 잠에 취해 있는 현승에게 말을 건넵니다.

"현승이 응아 또 했어?"

(자면서 눈도 안 뜨고) "엉!"

"기저귀 갈까?"

(역시 눈도 안 뜨고, 똑바로 누워 다리 쩍 벌리면서) "엉!"

예스, 오케이, 엉!

보디랭귀지 사전

할 수 있는 말이 몇 개 안 되는데 필요한 의사소통이 모두 가능한 이유가 있습니다. 현란한 보디랭귀지. 물론 '세상의 모든 말을 다 알아듣는 것이 아닐까?' 착각이 들 정도로 듣는 기능은 좋다는 전제도 있습니다.

현승이 보디랭귀지 사전

• 쭈쭈 또는 뭔가를 먹고 싶어요: 입을 쩝쩝거린다. 다음 먹고 싶은 걸 가리킨다.

- 기저귀가 무겁고 찝찝해요: 기저귀를 몸 바깥쪽으로 잡아당기며 '으끙으끙' 소리를 낸다.
- 목욕하고 싶어요: 윗옷을 들춘다.
- 밖에 나가고 싶어요: 신발을 가지고 와서 '으끙으끙' 하며 할아버지 휴대폰을 챙겨 드린다.
- '엄마 세수 좀 하고 올게' 하면 '알겠어요. 어서 씻고 오세요' 하는 표현: 고개 한 번 끄덕여 주고 세수하는 흉내 낸다.
- 졸려요. 재워 주세요: 엄마 어깨에 기대면서 자는 폼을 한다.
- 인사하고 자야지: 배꼽에 양손을 얌전히 모으고 할아버지 앞에 가서 인사, 할머니 앞에 가서 90도로 인사한다(하다가 앞으로 고꾸라지기는 필수).
- 음악 틀어 주세요: 오디오를 가리키고 팔을 저으며 지휘하는 폼.

어제는 누나한테 한 대 얻어맞고 엄마한테 안겼는데 "현승이, 왜 울어? 아야 했어?"라고 하자마자 손을 들어서 엄마 뺨을 모질게 짝! 때립니다. '누나한테 이렇게 맞았어. 엄마가 낳은 누나 말이야. 저런 누나를 나보다 먼저 낳은 죄 값이야.'

별이 번쩍했습니다.

03
성장 일기로 노는 법

~~~~~~

아기 엄마들 손에, 주부의 손에 스마트폰이 들려 있고, 언제 어디서나 사회 관계망 서비스(SNS)에 접속할 수 있다는 것은 일종의 축복 같다. 아이와 꽁꽁 묶여 고립된 엄마들이 아이 사진을 찍고 몇 줄의 글을 써서 내보이며 다른 엄마들과 연대할 수 있다는 것, 이 얼마나 다행인가. 해도 해도 끝없는 육아와 가사일을 사진으로 남겨 '나 좀 알아주세요' 하는 심정으로 그 공간에 내놓는다. 그 아래 달리는 '좋아요'나 댓글 한 줄은 육아의 감옥에 갇힌 엄마에게는 세상으로 난 창으로 들어오는 희망 한 줄기일지도 모른다.

스마트폰 중독이나 허상에 불과한 온라인상의 관계 맺기 등에 대한 논평은 '육아'라는 행복하고도 고통스러운 감옥에 갇힌 엄마들 앞에선 잠시만 쉿! 생명(참 신비로운 내 아이)은 말로 다 할 수 없이 사랑스럽지만 말 안 통하는 아기와 단둘이 24시간 붙어 있는 일상은 좀 처절하지 않은가. 성장 일기를 쓰자. 아이와 함께하는 일상으로 관객을 불러들일 수는 없지만 관객이 상주하는 SNS에 아이들 이야기를 발행할 수는 있다.

아이들 이야기를 블로그에 꾸준히 적으면서 육아의 또 다른 재미를 발견했다. 은밀한 일기장이 아닌 저잣거리 같은 곳에 이야기를 펼쳐 놓는 것은 봐 달라는 얘기다. 단지 봐 달라는 것이 아니라 내 아이를 함께 예뻐해주고 공감해 달라는 뜻 아니겠나. 오래오래 쓰다 보니 더 많은 공감을 얻기위한 노하우 같은 것을 터득하기도 했다.

동화 작가 위기철 선생님은 「이야기가 노는 법」(창비)에서 소통하는 작가가 되고 싶다면 '작가 중심'이 아닌 '독자 중심'의 글을 쓰라고 한다. 그러니까 성장 일기를 쓴다고 할 때, 쓰는 엄마 중심이 아니라 읽는 사람 중심으로 써야 한다는 얘기다. 예를 들면, "우리 아기 귀엽죠? 예쁘죠? 사랑스러워" 등의 표현은 공개 성장 일기에서 금기어로 봐야 한다. 엄마 입장에서는 뭘 해도 귀여워 돌아가실 심정이겠지만 그 마음 넣어 두고, 덤덤한 형용사를 선택하여 있는 그대로 쓰는 것이 좋다. "예쁘다, 귀엽다, 사랑스럽다"라는 표현은 독자의 몫이 되도록 말이다.

아이가 보여 준 재롱이 예쁘고 귀여울수록 덤덤하고 객관적으로 쓰는것이 '작가 중심' 또는 '엄마 중심'을 탈피하는 방법일 것이다. "아기가 예쁘다"는 말을 독자의 몫으로 남겨 두어야 하듯 글을 열어 둔 채로 끝내는 것도 필요하다. 나를 포함하여 교회에서 자란 엄마들은 감사나 교훈으로 글을 마무리해야 한다는 강박을 가지고 있는 것 같다. 아이들이 자라면서 보여 주는 말과 행동과 마음 씀씀이는 그 자체로 재밌고 아름답다. 이야기는 이야기로 끝내 교훈도 감동도 읽는 이의 몫이 되도록 하는 것이 '좋아요'와 '댓글'을 유발하는 노하우일 것이다. 아, 그리고 또 한 가지. 적절한 유머는 성장 일기를 맛깔나게 하는 참기름 한 방울이다.

엄마 중심의 시각을 버리는 일은 내 아이를 객관적으로 바라보게 한다. 아이가 자랄수록 부모에게 가장 필요한 덕목은 아이를 나의 분신이 아닌 온전한 타자로 받아들이는 노력이라고 생각한다. 아이에 대해 꾸준히 객관적으로 기록하는 육아 일기 놀이는 아이를 하나의 주체로 바라보는 일종의 엄마 훈련이기도 하다.

내 아이가 처음 "엄마"라는 소리를 냈을 때 느끼는 황홀한 전율, 처음으로 쉬를 가렸을 때 벅차오르는 육아의 보람, 이런 기쁨들은 기록되어 마땅하다. 그러나 그 기쁨은 '내 아이만'의 독특함이기도 하고 모든 아이의 발달 과정이기도 하다. '내 아이만' 걷는 것처럼 황홀해하는 것도, '다른 아이들도 다 하는 건데 뭐' 하는 무감동도 아닌 균형 감각은 단지 뜨거운 호응을 얻기 위해서만 필요한 감각이 아니었다. 이 균형 감각은 하루아침에 일깨워지거나 결심으로 바로 배워지는 덕목도 아니기에 꾸준함이 필요하다.

그러기 위해서는 육아 일기가 엄마의 놀이가 되어야 한다. 재미있는 성장 일기를 쓰기 위해서는 세밀하게 관찰하고 알 수 없는 귀여운 몸짓에 상상력을 동원하여 이해하면서 무엇보다 꾸준한 놀이가 되어야 한다. 소재가 끊이지 않는 이 놀이는 긴 인생에서 불과 몇 년, '아기 엄마'라 불리는 동안만 가능한 놀이다.

헛나가는 말

'종끼야' 하고 부르던 아빠 이름, 이제는 '종삐리'라고 부르고 싶은데……. 발음이 영~ 안 됩니다. '종삐리'의 '종'에서 'ㅇ'이 빠진 상태로 '×××'라고 부르게 됩니다. (난감)

'신발'도 '시엄'이라고 부르던 데서 진화가 많이 되긴 했는데, 역시 힘들기는 마찬가지. '신발'이라는 정확한 발음은 못 내놓더라도 적어도 '신빨'이라고는 하고 싶은데, '신'에서 'ㄴ' 이 빠진 '××'이라고 부르게 됩니다. (난감)

엄마, 아빠는 불안합니다. 현승이가 사람들 앞에서 '종삐리'나 '신빨'을 말하게 될까 봐요.

기동력 없는 아기,
나가 노는 법

할머니가 친구 분과 통화하시는 모양인데, "그래, 10분 후에 봐. 옷 갈아입고 나갈게"라고 하십니다.

아, 지금은 할머니다! 할머니한테 붙어 있어야 한다. 할머니가 방으로 가시면 방에 따라 들어가서 서 있고, 거실로 나오시면 소파 옆에 대기하고 서 있고, 할머니를 놓칠세라 불안해지면 현관을 사수합니다.

할아버지가 휴대폰을 주머니에 챙겨 넣으십니다.
이 타이밍은 할아버지다! 현관 사수.

고모가 놀러 왔습니다. 한참 놀다가 모든 식구가 동시에 일어납니다. 고모가 집에 가려나 봅니다. 지금은 고모 시대!

얼른 달려가 신발을 가져다가 고모 앞에 휙 던지고는 고모 손을 꼬옥 잡습니다. 결국 착한 고모는 야밤에 아파트 한 바퀴를 돌아 주고 가셨고요. 기동력이 없으면 머리를 써야 나가 놀게 되는 겁니다.

기다려!

참으로 신통한 일입니다. 성질 더러운 아들이 기다림의 미덕을 알게 되었단 말이죠. 옛날 옛날에, 생애 초반, 그러니까 한 백일까지 배가 고픈데 쮸쮸를 10초 정도 늦게 대령했습니다. 성질부리고 숨도 안 쉬고 울면서 그 따위 늦게 갖다 주는 쮸쮸는 먹지도 않으려 했습니다. 무서웠죠.

요즘은 배가 고파지면 주방 쪽을 가리키면서 "아끄 아끄(I want 쮸쮸)" 하다가, "쮸쮸 줘? 그래, 엄마가 쮸쮸 가져올게. 기다려" 하면, 고개 한 번 끄덕이고 참으로 얌전하게 기다려 줍니다.

새벽에 일어나서도 마찬가지. 쮸쮸 달라고 "아끄 아끄" 하는데, 불도 안 켜고 "기다려, 쮸쮸 가져올게" 하면 그때부터 '아끄'와 울기를 멈추고 컴컴한 침대 위에 앉아 기다립니다.

와~ 우리 아이가 달라졌어요.

반짝반짝

'반짝반짝 작은 별' 노래만 나오면 손으로 율동을 합니다. 그 다음은 피아노 위에 있는 크리스마스 사슴 모양을 가리키며 불 켜 달라고 하지요. 현승이는 반짝반짝을 좋아합니다. 참 좋아합니다. 무지무지 좋아합니다. 현승이를 재우고 있었습니다.

"현승이는 시냇가에 심은 나무라 하나님의 사랑 안에 믿음 뿌리내리고……. 하루하루에 주의 선하심이 현승에게 끊임없고 영원하기를……."

두어 곡 불렀더니 잠이 들려 합니다. 한 곡만 더 부르면 보내겠구나.

"예수께서 오실 때에 그 귀중한 보배 하나라도 남김없이 다 찾으시리. 샛별 같은 그 보배 면류관에 달려 반짝……" 하는 순간, 벌떡 일어나서 반짝반짝 율동을 합니다. 그리고 바로 다음 코스, 거실로 나가서 사슴 반짝반짝 하자는 겁니다.

"아냐. 코 자는 시간이야. 자자, 우리 현승이."

토닥토닥 재웠더니 금세 꼬꾸라져서 잠이 듭니다.

이 순간 장난기 발동. 후렴 무한 반복.

"샛별 같은 그 보배 면류관에 달려 반짝……" 하자마자
또 벌떡 일어나서 손으로 반짝반짝.

재밌는데! 요걸 재워? 말어?

'치카치카'가 싫은 이유

"엉엉엉…… 엄마, 왜애…… 엉엉…… 치카치카 하면 물만 밖에…… 엉엉엉…… 못 먹어요?"

잠자리에 들기 전, 치카치카 하자는 말에 채윤이는 손으로 입을 가리고 도망가고 난리가 났습니다. 바로 달려가 체포해서 어르고 달래다 빼어 든 마지막 카드. 한 손은 채윤이의 엉덩이에 대고 이보다 차분할 수 없는 목소리로, "채윤아, 엄마가 마지막으로 친절하게 말하는 거거든. 지금은 치카치카 해야 하는 시간이야"라고 말했습니다.

이게 뭘 의미하는지 아는 채윤이, 이내 항복을 선언하고 제 발로 욕실에 들어갑니다. 그러면서 치카치카를 시작하니 너무도 서러워 소리도 내지 않고 눈물만 주르르 흘리는데, 이 녀석, 여느 때와 다르네요.

"왜~애? 채윤아. 왜 자꾸 울어?"

"엄마, 왜 치카치카 하면 물만밖에 못 먹어요?"

"왜~애?"

"치카치카 하면 물만만('만' 엄청 강조)밖에 못 먹잖아요."

"뭐가 먹고 싶어서 그래?"

"네."

"뭐가 먹고 싶어?"

"맛있는 거요. 귤 같은 거요."

"그래? 그러면 오렌지 먹고 다시 치카치카 할래?"

"네…… 엉엉엉."

아, 드디어 알았습니다. 채윤이가 왜 그렇게 저녁 양치질을 싫어했는지요. 양치 후에는 뭐든 먹을 수가 없어요. 허락되는 건 물뿐이죠. 채윤이로서는 양치질을 마치는 순간 내일 아침이 오기까지 가장 큰 즐거움 중 하나를 포기해야 하는 것이었어요. 아, 그래서 채윤이가 치카치카 하고 난 후에 목이 마르지 않아도 자꾸 물을 먹었구나!

화장실 버튼의 비밀

채윤이와 함께 외삼촌이 무릎 수술을 하고 입원해 있는 병원을 찾았습니다. 가는 차 안에서부터 "엄마 엄마, 나 똥 마려워. 으……많이 마려워" 했는데, 잘 참고 병원까지 갔습니다.

병원에 도착하여 응아를 해결하는 중. 병원 화장실인지라 비상 버튼이 있었습니다. '위급할 때만 사용해 주세요. 간호사실과 연결됩니다'라는 글귀와 함께.

"엄마, 이거 함부로 누르면 안 되지?" (식당 테이블에서 그렇게도 누르고 싶으나 엄마가 안 된다고 안 된다고 했던 그 벨과 비슷하군요.)

"그렇지!"

"그런데 이거 누구만 누를 수 있는 거야?"

"응, 여기 병원에 입원해 있는 아픈 사람들이 급할 때 간호사 선생님 부르는 거야."

"아~ 아픈 사람들이 응아 다 하며~언, '똥 다 쌌어요! 똥 닦아 주세요!' 하고 부르는 거야?"

"잉? 아니…… 그, 그게…….."

"아, 간호사 선생님들은 꼭 엄마 같다."

미꾸라지 나도 먹자

현승이가 침을 엄청나게 흘려요. 미꾸라지 끓인 물을 먹이면 침이 잦아든대요. 외할머니가 미꾸라지를 구해 6시간을 끓이셨대요.

외갓집에 가서 먹이는데 가뜩이나 몸이 안 좋아서 입맛이 없는 현승이가 영 잘 먹질 않네요. 웬만큼 먹이고 모두 저녁 식사 준비하느라 바쁜데 수다쟁이 채윤이가 조용하네요. 무슨 일이죠?

식탁에 앉아서 현승이가 남긴 미꾸라지 물을 조용히 마시고 있네요. 그게 맛이 있니? 집에 와서도 현승이가 조금 먹다 남기면 채윤이가 다 먹어요. 데친 오징어와 아이스크림 중에서 오징어를 선택하는 아이, 태어난 지 열 달 만에 풋고추를 먹던 아이, 새우젓 냄새가 좋아서 일부러 코에 붙인 아이, 요리하는 엄마가 당근, 무를 썰고 있으면 한 조각씩 얻어먹다가 급기야 생감자도 먹으려는 아이. 그런 아이니까요, 채윤이 누나는.

너의 평화, 나의 행복

다니던 직장을 그만두고 시간제 근무로 일을 바꾸었다. 매일 아이들의 낮잠을 지키는 것, 아니 아이들의 낮잠을 누리는 것은 생각지 못한 즐거움이다.

현승이가 "쭈쭈 쭈쭈" 하면서 입을 쩝쩝거리다가 젖병을 물려주면 눈을 껌뻑거리면서 한 통을 다 비운다. 젖병에서 쉭쉭 바람

소리가 나면 "엄마" 하면서 쮸쮸통을 건네준다.

반쯤 감긴 눈으로 옆으로 돌아누우며 엄마 베개를 "엄마, 엄마" 하며 두드린다. 엄마도 옆에 누우라는 뜻. 가만히 옆에 누우면 한 다리를 엄마 배에 척 올리고, 한 팔로 엄마 목을 감싸 안으면서 얼굴과 얼굴을 밀착시킨다. 엄마 입술을 볼에 살짝 대 주면 씨익 웃으면서 눈을 감는다.

잠들었나 싶어 살짝 몸을 빼면 영락없이 힘이 들어가는 팔. 가늘게 실눈을 뜨고는 엄마 얼굴을 확인한다. 밝은 대낮에 엄마가 내 곁에 있어 세상에서 가장 평화로운 웃음을 짓고 다시 눈을 감는다. 이러기를 몇 차례. 잠이 든다. 완전히 든다.

이 순간의 행복을 준 것만으로도
너는 내게 영원히 고마운 존재.

타고난 것이 드러나지 않을 수 없다

성격은 만 3세 이전에 형성된다고 심리학에서 말한다. '세 살 버릇 여든 간다'며 오래된 지혜 역시 지지해 준다. 과연 그러하다. 36개월이 지난 아이는 더 이상 아기가 아니라 나름의 분명한 캐릭터를 가진 인간이다. '미운 세 살'이라는 말이 있는 걸 보면 옛날 엄마들도 자아 정체성이 또렷해지는 세 살 어간 아이들의 자기주장이 버겁기는 마찬가지였나 보다.

기질이 드러나는 일은 비슷비슷한 작은 씨앗에서 사루비아나 봉숭아 같은 꽃으로 각각 피어나는 것과 같다. 큰아이 채윤이를 낳고 정신을 차린 후 정식으로 아기 얼굴을 마주했던 그 순간을 잊을 수 없다. 쿵쾅쿵쾅 엄마의 심장 소리가 규칙적으로 들리고 아늑하기만 했던 아기집에서 밝고 너른 세상으로 나왔을 때의 충격이 가라앉았을까? 아기는 곤히 깊은 잠에 빠져 있었다. 어쩌면 그렇게도 입을 야무지게 다물고 있는지. 아, 이 아기가 내게서 나온 인간이란 말인가? 그 앙다문 입술과 하얀 피부만으로는 도대체 이 아기가 어떤 인간이 될 것인가 상상이 되지 않았다. 내 아이지만 보기에 비슷비슷한 신생아, 작은 씨앗 중 하나였다.

듣거나 말거나 끊임없이 노래를 불러 주고 말을 걸어 준 탓인지 아이의 언어 발달이 평균보다 빨랐다. 말도 하고 걷고 뛰기도 하고 심지어 배 속에 생긴 동생을 위해서 기도할 수 있는 아이로 자랐건만 이 아이의 캐릭터는 종잡을 수 없었다. 아, 그러나 '세 살'은 왔다. 네가 이런 아이였구나. 이런 기질이었구나. 아이의 말과 태도, 세상을 대하는 방식은 엄마의 것도 아빠의 것도 아니었다. 엄마를 닮아 쾌활한 것 같지만 엄마보다 명쾌하고 힘이 있다. 아빠를 닮아 앞뒤 논리를 따지기를 좋아하지만 아빠보다는 밝고 가볍다. 엄마도 아빠도 통제할 수 없는 이 아이만의 기질이란 것이 또렷이 드러난다. 작은 씨앗에서 싹이 나더니 제 모양을 드러내며 듣도 보도 못한 사람 꽃이 피어난다. 이 아이가 만들어 내는 에피소드는 세상을 향해 자신의 존재를 드러내는 성품의 향연 같다.

화상 중 어록

교회 모임 중에 대형 사고가 났습니다. 막 끓여 놓은 녹차를 채윤이 허벅지에 엎어 버린 것입니다. 그 순간, 귀와 가슴을 동시에 후벼 파는 듯한 비명! 그러나 이미 엎질러진 녹차.

허벅지에 5센티미터 정도의 물집이 생기자마자 터져 버렸습니다. 벌렁거리는 가슴을 부여잡고, 놀라서 아픔도 못 느끼는 것 같은 채윤일 안고 병원 응급실로 갑니다. 응급실로 가는 차 안에서도, 응급실에서 처치를 받으면서도 입을 가만히 놔두지 않습니다. 채윤이가 고통을 연소시키는 방식은 '말'인가 봅니다.

"엉엉엉……. 엉엉엉……. 엄마 무서워. 나 무서워……. 추워, 추워."

"김수영 할아버지~이! 할아버지가 보구 싶어. 이순자 할머니~이."

"현승아, 누나 손 좀 잡아 줘. 누나가 아퍼. 두 손으로 잡아 줘."

"엄마, 나 현승이가 좋아지기 시작했어요. 엉엉엉……."

"외삼촌이 알면 깜짝 놀라겠다. 엉엉엉……. 외할머니도 깜짝 놀라겠다. 외할머니한테 전화해. 채윤이 아프다고, 기도하시라구 해. 엉엉……."

"서재석 목짠님이 깜짝 놀라겠다. 권순경 큰엄마가 깜짝 놀라겠다." (지인들의 이름을 차례로 대면서 '깜짝 놀라겠다' 무한 반복)

"우리 목장 식구들이 다 깜짝 놀랬어. 엉엉엉⋯⋯."

"현승이 좀 나한테 보이라구 해. 현승아, 누나한테 얼굴 보여 줘. 누나가 아파서 그래."

그러면서도 참 신통하게 고통스러운 치료를 참아 냈습니다. 응급실에서 항생제를 맞았는데 무섭고 아파서 몸을 뒤틀었습니다. 달려온 외삼촌이 집에 가면서 "채윤아, 그런데 삼촌이 그 주사 맞아 봐서 아는데 그 주사 맞을 때 몸을 움직이고 울면 더 아파"라고 했습니다.

다음 날부터는 주사 맞으면서 꼼짝도 하지 않았습니다. 치료 받으러 가서도 허물을 핀셋으로 벗겨 내고 드레싱을 하는데 치료 시작 전, "이거 할 때 하나도 안 울면 주사 안 맞을 건데" 하는 의사 선생님 말에 그 고통스러운 걸 끽소리 안 하고 참았습니다. 눈물은 뚝뚝 떨어지는데 소리 하나 내지 않고요.

가장 아픈 며칠을 지내고 말했습니다.

"엄마, 이제부터 나를 부를 때
'무릎을 다친 불쌍한 채윤아' 이렇게 불러 줘!"

아빠 참외 수업

채윤이는 아빠와 함께 유치원에 갔습니다. 일명 아빠 참외(수박?
아니고 '참여') 수업! 아침에 아빠랑 같이 나가면서 당부합니다.

> **"아빠! 나랑 같이 유치원 가면**
> **혼자 막 돌아다니지 말고 나를 꼭 따라 다녀야 해."**

여기에 덧붙여, "그리고 또 한 가지 약속할 게 있어. 요리할 때
마음대로 만지고 마음대로 하면 안 돼. 알았지? 약속을 잘 지켜야
돼"라고 말합니다. 그렇게 다짐다짐 하고는 자기보다 세 배는 큰
손을 이끌고 참외 수업에 갔습니다.

채윤이가 삐지면,
정말 정말 삐지면

엄마가 다음 날 강의 준비한다고 도통 놀아 주지를 않습니다. 현
승이는 그럭저럭 일찍 잠들고, 아빠마저도 프레젠테이션 만드는

엄마를 돕느라 정신이 없습니다.

씻고 잠옷 입고 잘 준비를 다 마친 김채윤.

"누가 나 재워 줄 사람? 나는 누가 재워 줘? 졸려. 너무너무 졸려."

채윤이는 컴퓨터 옆을 맴돌다 침대로 가 버렸습니다. 혼자 잠들게 하는 게 안쓰러워서 재워 주러 가려니 아빠가, "놔둬. 저러다 혼자 잠들게. 이제 혼자 자기도 해야지" 하며 말립니다.

조용하기에 잠이 들었나 싶어 가 보니, 누워서 입을 삐죽삐죽 하면서 울듯 말듯한 표정이 아닌가요. 마음의 여유가 없는 엄마는 빠지고 아빠가 달래기로 했습니다. 웬만하면 풀어질 텐데 쉽게 되지 않으니 아빠가 실실 웃으면서 채윤이를 웃겼나 봅니다. 그런 아빠를 보면서 차갑게 한마디.

"왜 그렇게 웃어? 바보같이."

"채윤아, 아빠가 미안하다고 하면 풀어야지. 채윤이는 원래 그런 멋진 애잖아."

달래는 아빠에게 다시 한마디.

"나도 이러고 싶은 때가 있는 거야!"

어쩔 수 없이 엄마 투입. 진심으로 미안하여 사과했습니다.

"채윤아, 엄마가 내일 강의 준비 때문에 정신이 없어서 재워 달라는 말을 못 들었어. 미안해. 엄마가 정말 미안해. 마음 풀어."

오히려 더 굳어지는 표정에 눈물까지 그렁그렁해 가지고 이렇게 말합니다.

"그럴 거면 아까 미안하다고 했어야지. 빨리 미안하다고 해야지."

생각보다 단호합니다. 계속 옆에서 치대는 엄마에게, "엄마 가! 나 혼자 있고 싶어"라고 하기에 "그래, 알았어. 채윤이가 혼자 생각해 보고 마음이 풀어지면 엄마 불러. 그러면 엄마가 바로 와서 재워 줄게. 알았지?" 하고 나왔습니다.

강의 준비를 마치고 엄마 아빠가 다시 채윤이 옆에 갈 때까지 마음이 안 풀렸나 봅니다. 그런 채로 사라락사라락 잠이 들려 하기에, 옆으로 다가갔습니다.

"채윤아, 그냥 자지 말고 마음 풀고 자. 너 마음 안 풀고 그냥 자면……, 음…… 그냥 자면 자면서 예쁜 꿈을 못 꿔. 무서운 꿈을 꾸게 될지도 몰라."

요즘 무서운 꿈을 무서워하는지라 약발 받았습니다. 얼른 몸을 돌리면서 하는 말이 이렇습니다.

"엄마 아빠 같이 '미안해' 사과하면 받아 줄게. 다시 '미안해' 해."

엄마빠 자존심 완전히 구기면서 이중창으로.

"미안해!"

피해자 마음에 들지 않았나 봅니다.

"목소리가 너무 작아. 큰 소리로 다시 한 번 해!"

엄마빠 둘이 눈 한 번 맞추고 심기일전하여 큰 소리로 이중창.

"미안해~"

"그래. 알았어" 하고 잠이 드셨습니다.

화를 내면 냈지 삐지지는 않는 아이 채윤이가 한번 삐지니까 정말 오래 가는군요.

여섯 살짜리를 인격적으로 대하는 거,

참 더럽고 치사한 일입니다.

아기가 생기는 것

자려고 침대에 누웠습니다.

"엄마, 그런데 아기는 어떻게 만들어져?"

아! 드디어 올 것이 왔습니다. 채윤이가 이런 질문을 할 때가 됐군요. 그런데 딱히 그럴듯한 대답이 준비되지 않은 엄마, 대충 어디서 들은 어설픈 성교육을 시도했습니다.

"음, 아빠의 몸속에 있던 아기 씨가 엄마의 몸으로 들어가서 엄마 몸에 있는 아기 씨와 만나서 아기가 만들어지는 거야."

눈치를 보며 반응을 기다렸는데 채윤이 너무 신기하다는 표정으로 말합니다.

"아, 그러면 내가 어른이 되면 수민이(남친) 몸에 있는 아기 씨가 이렇게 (손가락으로 입을 가리키면서 쭈욱 배까지 내려가는 시늉을 하면서) 내 몸으로 들어와서 아기가 만들어지는 거야?"

엄마 아빠 둘이 눈빛 교환하다가 할 말이 없어서 머뭇거리다, "어……. 그렇게 소화가 돼서 생기는 건가?"라고 말했습니다.

채윤이, 갑자기 확신 있는 말투로,

"맞아, 엄마.
이렇게 소화가 돼서 아기가 생겨!"

이렇게 말해 놓고 계속 황홀한 표정으로 말을 잃고 있습니다.

지루한 건 가라

현승이는 먼저 잠들고 엄마랑 아빠랑 채윤이랑 이불에서 뒹굴뒹굴 누워서 놉니다.

"아빠, 어느 게 오른손이야? 이 손? 이 손?"

오른쪽과 왼쪽 방향 공부가 자연스럽게 되고 있습니다.

"그러면 내가 지금 오른쪽에 있는 거야? 왼쪽에 있는 거야?"

"음…… 현승이의 왼쪽, 그리고 엄마의 오른쪽."

"그게 뭐야~아?"

"그게 그런 거야. 현승이 쪽에서 보면 왼쪽이고 엄마 쪽에서 보면 오른쪽이고."

여기까지는 채윤이가 듣는 듯. 그런데 아빠가 갑자기 진지해집니다.

"그런데 말이다. 채윤아, 세상 일이 다 그런 거야. 이쪽에서 보면 오른쪽이고 다른 방향에서 보면 왼쪽이 되는 것이지. 어느 방향에서 보느냐에 따라서…… (어쩌고저쩌고)."

채윤이, 웬일인지 잠옷 치마를 휙 들추고 배를 슬슬 긁으면서 선풍기 바람을 쐬는 듯 몸을 뒤로 뺍니다. 그리고 먼 산을 바라보며, "아~ 날씨가 왜 이리 더워졌냐?"라고 말합니다.

아빠 입 다물란 얘기. 지루한 건 가라는 얘기죠.

덕담 한마디

설날 아침.

한복 입고 싶은 마음에 깨우지도 않았는데 일찌거니 혼자 일어난 채윤이, 서둘러 세수하고 한복을 입었습니다. 작은댁 식구들이 몰려오기 전, 각자 분주하신 할아버지와 할머니를 굳이 앉혀 놓고 세배를 했나 봅니다. 엄마는 주방을 벗어나지 못할 운명에 처한 날이므로 거실 상황과는 담쌓고 있었죠.

설음식 준비 삼매경인 엄마를 흔들어 깨우는 할아버지, 할머니 웃음소리에 거실로 달려갔지요. 세배하고는 세뱃돈 주시려 챙기시는 할아버지께 한복 입고 다소곳이 앉아 있던 채윤이, "할아버지! 돈은 됐구요. 덕담 한마디 해주셔야죠" 했답니다.

어느 드라마에서 본 걸까요?

05
성경, '안' 먹이는 엄마

~~~~~~~~~~~~~~~~~~~~~~~~~~~

의식하고 일부러 그러는 건 아닌데 채윤이에게 성경 이야기를 거의 들려주지 않는다. 몇 년 동안 유치부에서 설교를 담당했다. 그때 어린아이들이 성경의 무수한 이야기를 너무 동화식으로 꿰고 있다는 생각을 했다. '요셉' 하면, 벌써 "나 저거 알아. 우리 집에 책 있어. 우리 엄마가 얘기해 줬어. 요셉이 인제 꿈꾼다~아." 바로 나온다. 똑똑한 아이들이 그러기는 하지만 사실 이런 아이한테 설교하는 건 재미가 없다. 설교자의 사기와 흥을 돋우기에는 호기심 어린 눈빛이 최고 아닌가.

단지 설교자의 흥을 위해서가 아니라 아이 입장에서도 호기심을 가지고 듣는 것은 꼭 필요한 태도다. 내가 이미 아는 얘기를 하고 있으니까 호기심이 일단 떨어지고, 또 아이들 특성상 자신이 알고 있다는 걸 알려야(?)하기 때문에 귀 기울일 여유가 없다. 그러다 보면 정작 설교를 통해서 전달

하려는 메시지조차 듣지 못한다는 것이다.

반복적으로 들은 성경 이야기는 스스로 말씀을 묵상하기에 걸림돌이 되기도 한다. 목사 딸로 태어나서 성경의 수많은 이야기를 반복해서 들은 내 경험이다. 철이 많이 들기까지는 어렸을 때 들은 이야기의 맥락 그 이상으로 생각(묵상)을 발전시키기가 쉽지 않았다. 어렸을 때 자주 부른 찬송, 자주 들은 성경 이야기는 커서도 한참 동안 은혜받기 어려운 목록이었다. 지겹다는 선입관이 생겨 마음으로 가까이하기 어려웠다. 삶을 바꾸는 복음으로 대하기까지 시간이 많이 걸렸다.

성경 이야기를 아이의 발달 수준에 맞게 재미있는 동화처럼 들려주는 것도 나쁘지 않지만, 더 중요한 것은 말씀을 관통하는 정신을 가르치는 것이라 생각한다. 사랑이신 하나님의 기나긴 러브 레터로서의 성경 말이다. 때문에 아이의 인지가 부족해서 그 메시지를 말로 설명할 수 없다면 엄마 아빠의 삶, 자연을 그대로 느끼고 보게 하는 것이 더 좋은 방법일지 모른다. 창조 세계의 아름다움을 접하면서 그분의 사랑과 창의력을 이야기하는 일이 더 자연스럽고 즐겁다. 아이와 함께 걸으며 마주하는 아름다운 경치, 아이가 가끔씩 보여 주는 선하고 아름다운 행동을 통해 엄마인 내가 하나님을 느끼고, 그저 그것을 표현한다.

"채윤아, 하늘 좀 봐. 저 구름이 토끼 같애. 하나님이 구름으로 토끼 그림을 그려 놓으셨네. 채윤이 보라고. 파란색 하늘도 너무 예쁘지?"

"민들레 봐. 하나님이 아주아주 오래전에, 채윤이랑 엄마에게 선물로 주시려고 다 만드신 거래. '채윤아 사랑해. 너 가져. 그리고 네가 잘 지켜 줘야 해.' 그렇게 말씀하시면서 저 민들레가 피게 하신 거야."

"하나님에게는 손주가 없다." 영성 깊은 정신 의학자 스캇 펙(Morgan Scott Peck)의 말을 자주 떠올린다. 아이에게 신앙의 길을 안내할 수 있을지언정 통제할 수는 없다는 말로 들린다. 내 신앙 고백이 아이의 믿음을 보장할 수 없다. 그 반대도 마찬가지다. 아이도 나도 그분의 지극한 사랑을 받는 자녀라는 것만은 불변의 약속이다. 영의 양식이란, 궁극적으로 그분과의 일대일 관계에서 섭취되는 것. 엄마의 영성의 샘이 마르지 않도록 나와 그분의 관계를 돌보는 것이 먼저이리라. 아이에게 성경 먹이는 엄마가 될 자신은 없다. 굳이 떠 넣어 주고 싶은 마음도 없다. 다만 내 배에서 생수의 강이 흘러흘러 넘쳤으면 좋겠다.

새로 쓰는
패션 오브 크라이스트

"엄마! 예수님이 그물에 잡힌 거 그려 줘."

"켁, 엄마는 그런 거 본 적 없는데……. 채윤이가 그리면 안 돼?"

"알았어. (괴발개발 몇 개의 선을 늘어놓더니) 예수님이 그물에 잡혀서 이런 데(십자가를 그리며) 올라갔대~애. 엄마, 예수님이 되게 아팠겠지?"

"응. 예수님이 십자가에서 왜 아프셨는데?"

"어…… 십자가에서 뚝 떨어졌대. 예수님이 아팠겠지?"

"쩝, 응."

"근데~ 예수님이 이젠 다 나아서 벌떡 이러나셨대~애."

('이 녀석이 고난은 몰라도 부활을 아는구나' 안심하면서)

"오! 그래? 어떻게 다 나으셨지?"

"음…… 왜 낫냐면…… 약을 디게 많이 먹었대~애."

"허걱!"

"그래서 하늘로 올라가셨대~애."

(다시 감동한 엄마)

"그래? 하늘로 어떻게 올라가셨는데?"

"음…… 우주선 타고!"

그러니까 채윤이의 신앙 고백을 정리하자면, 예수님은 그물에 잡히셔서 십자가에서 뚝 떨어져서 돌아가셨다가 약을 디게 많이 드시고 부활하셔서 우주선을 타고 승천하셨다? 주여!

주여, 돌보지 않는 엄마를

채윤이, 뜬금없이 한복을 입겠다고 난리입니다. 요즘 아침마다 옷 고르는 시간은 결국 큰소리로 끝나고 맙니다. 그날 꼭 입어야 하는 옷이 있고, 한밤중에도 갑자기 입고 싶은 옷이 생각나면 입어야 합니다. 웬만하면 채윤이가 입고자 하는 걸 입혀 주는데, 고모님이 돌아가신 충격으로 집안 분위기가 무거운 터라 한복을 찾아 입히기가 그렇습니다.

몇 번을 설득하다가 "그럼 알아서 해. 엄마는 모르겠어" 하고 나와 버렸습니다. 그러자 영락없이 채윤이는 울기 시작합니다. "시끄러우니까 방문 닫고 울어. 다 운 다음에 문 열든지 나오든지 해" 하고 거실에 앉아 있는데, 한참이 지나 채윤이가 조용해진 것 같습니다. 순간 안됐다는 생각이 들어 방에 가 보니 장난감 상자 위에 손을 모으고 앉아 있는 겁니다. 엄마 얼굴을 보자 하는 말이 이렇습니다.

> "나 지금 기도했는데.
> 엄마가 채윤이를 너무 안 돌봐 줘서,
> 나 좀 돌봐 주라고 하나님한테 기도했어.
> 그런데 엄마가 들어왔네. 하하하!"

채윤이의 하나님, 기도 응답 참 빨리 주신다. 채윤이 엄마한테 도 좀 그러셨으면.

첫 대표 기도

잠자리에 들기 전 네 식구가 손을 잡고 동그랗게 앉았습니다. 아 빠부터 차례로 돌아가며 기도합니다. 아빠 엄마가 먼저 채윤이와 현승이를 위해 축복 기도를 합니다.

다음으로는 채윤이의 기도. 오로지 현승이의 잠자는 것, 먹는 것을 위한 오랜 기도 제목, 끈질긴 기도입니다.

"하나님, 우리 현승이 자다가 아야야야 하면서 또 엄마엄마 하면서 엄마를 괴롭히지 않게 해주세요. 그리고 아침에 일어나서는 점심을 맛있게 먹고 뭐든지 아무거나 잘 먹고 시금치도 잘 먹어서 쑥쑥 크게 해주세요. 예수님 이름으로 기도합니다. 아멘."

기도하는 내내 손 모으고 고개 숙이고 눈을 감았다 떴다 하던 현승이도 한번 끼워 줄까요? "자, 이번에는 현승이 차례야"라고 하자마자 모든 것이 준비되었다는 듯, 손 모으고 눈을 척 감더니 기도합니다.

"아빠야, 엄마찌!"

모두를 감동시킨 단순 명료한 기도였습니다. 아멘!

영적(?) 리더십

매주 월요일은 가정 예배 드리는 날로 정했습니다. 주(主)님보다 주(酒)님을 애정하시는 할아버지가 부담스러워하실까 걱정했는데 예배 때마다 채윤이가 다양한 개인기를 보여 주고 있는 터라 오히려 이 시간을 기대하시는 것 같습니다.

예배 시작 전부터 '누가 기도할까?' 기도 담당자를 정하는 것으로 신경전이었습니다. 순서상 아빠나 엄마 차롄데 서로 미루다가 아빠가 갑자기 할머니를 밀기 시작합니다. 할머니는 슬슬 며느리에게 떠넘기시고요. 그러다 예배는 시작되었습니다.

찬송 부르고 성경 읽고, 기도할 순서. 할머니가 강력하게 지명하셨습니다.

"에미가 해!"

"제 차례 아니에요. 채윤이 아빠가 해요, 그럼."

기도자의 공이 방향을 못 잡고 이쪽저쪽으로 토스되고 있습니다. 보다 못한 채윤이, "자~아, 이순자 씨 기도해 주시겠습니다."

아흐, 리더십 있고 쓸모 있는 딸내미!

어머나, 하나님

아픈 엄마를 위해서 손잡고 기도하는 누나를 보고, 덩달이 현승이 가만히 있을 수 없습니다. 엄마 손을 냉큼 잡고는, "하나임! 안디요 왜 이야요 이여이 마야요……. 아밍!"

가만, 발음은 엉망이지만 어디서 많이 듣던 리듬인데…….

"안 돼요. 왜 이래요. 이러지 마세요."

이건, 할아버지 애창곡, 장윤정의 "어머나."

말하자면, "하나님! 안돼요. 왜 이러세요? 우리 엄마한테 왜 이러는 거예요? 더 이상 엄마를 아프게 하면 안 돼요. 아멘!"

더딘 기도 응답

채윤이가 힘들어하는 친구가 하나 있습니다. 아침 저녁으로 차를 같이 타고 등하교하는 친군데요. 둘이 성격이 잘 안 맞나 봐요. 덩치가 큰 그 친구가 채윤이를 괴롭히기도 하나 봅니다. 아침마다 차로 데려다주면서 어르고 달래기도 하는데 유치원에서 지내며 꽤 스트레스를 받는 것 같습니다. 엄마 마음인지라 그 아이가 얄미워집니다.

채윤이랑 같이 기도를 합니다.
아침에 일어나서도,
저녁에 자기 전에도 기도합니다.

유치원에 다녀온 채윤이가 시무룩한 표정으로 말합니다.

"엄마, 우리가 기도했는데도 하나님이 기도를 잘 안 들어주셔. 오늘도 정현이가 얼굴을 가까이 대고 나한테 소리 질렀어."

그럴 때 어떻게 대처해야 할지 함께 얘기했습니다. 기도도 해야 하고 채윤이도 친구와 잘 지내기 위해서 해야 할 것이 있다는 얘기도 해주었습니다. 하나님이 채윤이의 기도를 들어주셔서 그 친구의 태도가 달라지면 좋겠습니다. 아니, 그보다 채윤이가 계속 기도하면서 '기도를 통해 가장 빨리 변할 수 있는 사람은 나'라는 것을 알고, 친구가 어떻게 하든지 평안하게 지내는 법을 배우면 좋겠습니다.

2부

지키다

일하는 엄마, 죄책감과 불안에서의 자유

~~~~~~~~~~~~~~~~~~~~~~~~~~~~~~~~~~

첫 아이 채윤이를 낳고 며칠이 안 된 날이었다. 풀타임 음악 치료사를 구하는데 일할 생각이 있냐는 전화가 왔다. 우리나라에 음악 치료 대학원이 생기던 해에 입학해서 대학원 마지막 학기에 결혼을 하고 졸업했다. 음악 치료라는 학문도, 직업도 생소한 때였기에 풀타임 치료사 자리는 언감생심(焉敢生心)이었다. 당분간 아이를 키우려는 계획을 가지고 있었기 때문에 적잖이 고민이 되었다. 그러나 그 고민이 오래 가진 않았다. 친정 엄마가 가까이 계셨고 다시 오지 않을 것 같은 기회를 놓칠 수 없었다.

첫 출근을 하루 앞둔 날, 불안과 죄책감이 극에 달했다. 아이에게 치명적인 상처를 남기지는 않을까? 이 예쁜 것을 두고 아침마다 발이 떨어질까? 연로하신 엄마에게 너무 큰 짐을 맡기는 건 아닐까? 급기야 하루 금식 기도를 하며 마음을 추슬렀다. 다행히 채윤이는 아직 신생아였고, 직장은 집에서 가까웠고, 퇴근 시간은 정확했다. 아침에 10분 거리에 사시는 엄마를 집으로 모셔다 놓고 출근하고 정확히 퇴근하는 삶이라 일과 육아 두 마리 토끼를 잡은 느낌에 행복했다.

그러나 아이가 8개월 되었을 때 엄마가 쓰러지셨다. '내 아이 키운다고, 아니 나 좋아하는 일 한다고 내 엄마 몸을 망가뜨렸구나. 당장 8개월 된 아이는 누구에게 어떻게 맡겨야 하나? 육아 환경이 바뀌면 말도 못하는 아가에게 충격이 될 텐데.' 시부모님의 도움을 받기 위해 이사를 결정하기까지 다시금 죄책감과 불안의 눈물이 마르지 않았다. 그 사이 아이는 기고 걸으며 기동력을 갖추게 되었다. 건강하신 시부모님 두 분이 함께 양육해 주시니 오히려 든든하고 다시 마음은 편해졌다. 대신 직장이 멀어져 퇴근 시간이 늦어졌다. 퇴근 후에 온전히 아이와 보낼 시간을 확보하기 위해서 퇴근 길에 남편을 만나 최대한 저녁 식사를 해결하고 들어가기로 했다. 같이 있는 짧은 시간이나마 질적으로 보내기 위해서 잘 때까지 아이와 함께 노래하고 춤추고 놀면서 보냈다.

아이가 둘이 되고 집안의 상황 변화로 시부모님과 함께 살게 되었다. 그 사이 큰아이는 자아 정체성을 견고히 해가는 '어린이'가 되었다. "엄마 회사 가지 마. 채윤이는 엄마가 보고 싶어" 하면서 아침에 매달리는 일이 잦았다. 묻어 두었던 죄책감과 불안의 쓰나미가 다시 몰려오는 시간이다. 어르고 달래서 뿌리치고 엘리베이터를 탔는데 1층에 다다를 때까지 아이의 울음이 쟁쟁거릴 때는 모든 걸 때려치우고 싶은 마음에 눈물을 줄줄 흘리며 출근하곤 했다.

좋은 엄마가 되고 싶은 마음은 어릴 적부터 가진 꿈이다. 아이 발달에 관한 전문가로 '좋은 엄마'라는 주제로 강의도 상담도 하지만 정작 내 안에는 좋은 엄마가 아니라는 죄책감과 불안이 늘 도사린다. 내가 직장 생활을 포기하고 내 손으로 두 아이를 키웠다면 더 좋은 엄마가 되었을까? 상황이야 어땠을지 모르나 '엄마 됨' 또는 '모성 부족'에 대한 깊은 좌절감은 마찬가지였을 것이다. 모든 엄마에게 새겨져 있을 것 같은 '모성애'가 나에게만 없다는 생각이 엄마들로 하여금 미리, 더 깊이 좌절하게 만든다. 모든 여성에게는 지고지순한 모성애가 있다는 신화가 문제다. 모든 여성은 모성애 신화에 사로잡혀 있을 뿐, 순도 100퍼센트의 모성애는 누구에게도 없다. 육아의 모퉁이에서 내 힘으로 어쩌지 못하는 상황이 닥칠 때 주저앉아 울기도 하고 좌절도 한다. 그러나 과한 죄책감과 불안에 압도되지 않는 것이야말로 아이를 위하고 나를 위하는 길이었다. 내 안에 있는 과한 감정을 알아채는 눈, 결코 도달할 수 없는 '모성애 신화'에 붙들려 나를 채근하는 목소리에 대항하는 힘, 필요한 것은 이것이었다.

안녕, 하고 가

아침에 일찍 출근하는 엄마 아빠가 한없이 아쉽지만 잘 보내 주는 채윤이, 점점 힘든 모양입니다. 오후에 회사로 전화를 해서, "엄마, 왜 아침에 채윤이하고 '안녕' 안 하고 갔어? 그래서 채윤이가 울었잖아"라고 합니다.

잠자리에 들면서도 꼭 당부합니다.

> "엄마 낼 회사 가는 날이야?
> 낼 채윤이하고 '안녕' 하고 가.
> 꼭 '안녕' 하고 가."

그러나 아침에 자고 있는 녀석을 깨우기 뭣해서 그냥 나오는 날엔 여지없이 일어나서 "안녕"을 안 하고 간 엄마, 아빠를 원망하며 한바탕 운다고 합니다.

"안녕"을 안 하고 가서가 아니라, 아침마다 "안녕"을 해야 하는 것이 싫은 것이겠지요.

실은 엄마도…….

엄마, 앵마

회사에서 여유 있는 오후 시간에는 집에 전화를 합니다. 버튼을 누르는 손가락이 떨리……지는 않지만 마음은 늘 설렙니다. 수화기 너머로 들리는 똑 부러지는 채윤이 목소리.

"엄마, 언니들 치료 다 해줬어? 나 유치원 갔다 와서 입에 손 넣다가 빨리 뺐어(요즘 버릇 고치는 중). 현승이 바꿔 주께."

저쪽에서부터 "꿍꿍"거리면서 전화기로 가까이 오는 소리. 수화기를 입에 대지도 않았는데 남자의 직감으로 누군지 알아차리고 부르는 소리.

"앵마, 앰마, 엉……. 앰마!"

캬아~

채윤이 동생 채린이

채윤 : 엄마! 나 김채린 하나만 낳아 줘. 여자 동생 말야.

엄마 : (헉!) 못 낳아. 엄마는 자신 읎어.

할머니 : 할머니가 낳아 줄게. 할머니가 밥 많이 먹고 배 많이

불러서 하나 낳아 줄게.

채윤 : ('배가 많이 나오면 애가 나오는 거지! 맞어~ 현승이도 그렇게 나
왔지.' 생각이 여기에 미쳤는지) 맞다! 그러면 할아버지 배가
젤 뚱뚱하니까 할아버지가 낳아 주면 되겠다.

할머니 : 내가 낳아 준다니까.

채윤 : 그러면, 할아버지가 김채린 낳아 주구, 할머니는 아빠
동생 하나 낳아 주세요.

채윤이를 재우면서, "채윤아, 정말로 할아버지가 김채린 낳고
할머니가 아빠 동생 낳아? 그러면 좋겠어?"라고 물었습니다.

"응"

"그럼, 엄마는?"

"엄마는 그냥 아무것도 낳지 마.
회사도 가고, 설거지도 하니까 힘들잖아."

햐, 다시 감동의 도가니탕.

할머니, 할아버지가
오래 사셔야 하는 이유

"엄마, 나는 나중에 김수민이랑 결혼할 거야. 왜 그런 줄 알아? 수민이는 얼굴이 잘생겼잖아. 내가 수민이랑 결혼하면 수민이는 회사에 갈 거야. 그리고 나는……."

엄마, 약간 긴장함.

'채윤이는 자신을 어떻게 그리고 있을까? 직장 여성이 되려 할까? 전업주부가 되려 할까?'

"나는 유치원 선생님이 될 거야. 그리고 수민이는 빠빠(수민이 아빠)처럼 공장을 갖고 있으면 좋겠어."

"그러면 밥은 누가 해? 채윤아."

"밥? 내가 하지."

"설거지는?"

"설거지도 내가 해야지."

"그럼, 수민이는 아무것도 안 해?"

"수민이도 어떨 때 설거지를 도와주지."

"그것만 해?"

"아니, 짐도 옮겨 주고……. 책장 같은 거."

"그러면 수민이도 회사 가고 채윤이도 유치원에 나가면 아기는 누가 돌봐 줘?"

여기서 엄마 다시 긴장.

"음…… 그건 할머니 할아버지가 해야지."

휴~ 엄마 아빠가 아니고 할머니 할아버지란다.

다섯 살 때부터
알았던 사실

"엄마 오늘 어디로 음악 치료 가? 티브이에서 뭐 할 때 집에 와? 왜 그렇게 늦게 와? 안 가면 안 돼? 엄마는 왜 희성이 엄마처럼 집에서 아침에도 있고 유치원 갔다 올 때도 있고 그렇게 안 해? …… 아빠는 오늘 집에서 공부할 거야? 도서관에서 공부할 거야? 집에서 공부하면 안 돼? …… 엄마가 음악 치료 가는 거 싫어. 아빠가 공부하러 가는 거 싫어. 엄마가 집에 없어서 싫어. 할아버지랑 할머니랑 집에 있는 거 싫어."

채윤이가 유치원 갈 시간이 다 되어 가는데 준비할 생각은 않고 계속 징징댑니다. 마음이 아프기도 하고, 화가 치밀어 오르기도 하여 침대에 앉히고 얘기했습니다.

"채윤아, 엄마가 전에 회사 다닐 때는 아침에 유치원 데려다 줄 수 있었어? 어떤 땐 채윤이 일어나기도 전에 출근했었지? 지금은 채윤이 유치원 데려다 주고 끝날 때 데리러 갈 때도 있지? 옛날 회사 다닐 때가 좋아, 지금이 좋아? 채윤이 초등학교 가면 엄마가 지금보다 집에 더 많이 있으려고 노력한다고 했지?"

채윤이를 겨우 달래서 준비하고 유치원 가는 길에 손을 꼭 잡고 말했습니다.

"채윤아, 낮에 엄마 아빠 집에 없을 때 슬프지? 그런데 엄마도 슬퍼. 낮에 음악 치료 하다가 채윤이 많이 보고 싶어서 슬퍼. '빨리 집에 가서 우리 채윤이 보고 싶다'고 생각해."

"나도 알아, 엄마. 엄마도 나처럼 슬픈 거 나도 알고 있었어. 나 다섯 살 때부터 엄마도 마음이 슬픈 거 알고 있었어."

알고 있었구나. 다섯 살 때부터.

엄마가 출근하며 슬펐던 건

채윤이 한 살 때부터였어.

낮의 자장가,
밤의 자장가

 내게는 두 개의 자장가가 있다. 낮의 자장가와 밤의 자장가.

자장가는 잠을 자라고 부르는 것이다.

자라고 자장가를 부르면, 잠을 자야 한다.

나 현뚱은 그렇게 생각한다.

낮의 자장가

"동차~앙~~~이 바~~~알~~~~~~~간~~~느~~~냐~~~~어어~~~~어허
~~~~~~허~~~~허어~~~~~"

　내가 아직 어린 탓인지 무슨 얘긴지는 정말 모르겠다.

　분명한 건, 할아버지의 푹신한 배에 코를 박고 이걸 듣고 있으면 졸
음이 밀려온다는 것, 그것뿐이다.

밤의 자장가

"현승이는 시냇가에 심은 나무라, 하나님의 사랑 안에 믿음 뿌리내리고
주의 뜻대로 주의 뜻대로 항상 사세요." 내가 머리털 나고 천 번은 더 들
었을 이 노래.

원래는 밤의 자장가였다. 아침에 나가서 깜깜할 때 들어오는 엄마가 불러 주는 자장가다. 요즘 알 수 없는 행복한 일이 생겼다. 정신실 엄마가 낮에 자꾸 얼쩡거린다. 듣자 하니 프리랜서가 됐다는데 무슨 뜻인지는 모르지만 그것 참 좋은 것이다.

졸립다고 낑낑거리면서 엄마를 침대로 끌고 가면, 엄마랑 나랑 3센티미터 정도로 얼굴을 가까이 대고 마주 누워서 논다. 엄마 볼도 만져 보고, 콧구멍도 후벼 보고, 속눈썹도 어렵사리 잡아 본다.

슬슬 정신이 아득해지려 한다.

그러다가 갑자기 엄마가 내 등을 두드리며 "현승이는 시냇가에 심은 나무라……" 하면 난 마법에 걸리고 만다.

켁! $Z_{z_{z_{z^z}}}$

07

양육권 양도하기

~~~~~~~~~~~~~~~~~~~~~~~~~~~~~~~~~

모닝커피를 마시기 위해 옹기종기 모인 직장 여성들은 겉보기에 비슷비슷해 보이지만 출근 직전까지의 삶은 각양각색이었을 것이다. 아침 일찍부터 아이를 어린이집, 육아 도우미 집에 맡기느라 분주했던 엄마. 집에 오시는 육아 도우미와의 불화로 내 집에 아이를 두고 나오면서도 극도의 불안에 휩싸였던 엄마. 자동차로 서너 시간 가는 지방에 아이를 맡겨 두고 시간은 많으나 마음은 텅 빈 느낌으로 일하는 엄마. 열 명의 직장맘이 모이면 열 개의 육아 스토리가 있다. 그리고 너 나 할 것 없이 스펙터클한 스토리의 좌충우돌 주인공이다.

그 모든 이야기에 비하면 나는 상위 몇 프로에 해당하는 운 좋은 직장맘이다. 건강한 시부모님이 아이들 육아를 맡아 주시고, 직장 생활은 물론 간간이 공부를 위해 필요 이상으로 집을 비우는 것에도 너그러우시니 말이다. 그렇다고 감수할 고충이 없는 것은 아니다. 동료들의 동동거리는 좌충우돌 직장맘 스토리를 지켜보며 감사의 이유를 찾는 날도 많지만 칼에 벤 남의 아픔보다 바늘에 찔린 내 아픔이 더 큰 법이니 말이다.

아이 하나를 두고 양육자가 둘(우리 부부, 부모님 부부)인 것은 쉬운 일이 아니다. 아주 사소한 것부터 때로는 근본적인 세계관에 관련된 사안들까지 생각이 다른 경우가 허다하기 때문이다. 아이들 먹는 음식의 간을 맞추는 것부터, 옷을 입히는 취향, 넘어져 우는 아이에게 주는 피드백(바닥에 '때찌' 시키기)까지. 이런 부분에서 쿨하기가 쉽지 않다. 며느리가 아이들 발달에 관한 전문가라는 것을 인정하시며 주장을 크게 내세우시는 것이 아닌데도 매일 조금씩 감정의 찌꺼기는 쌓이게 된다.

어느 순간부터 부모님에게 일정 정도의 양육권을 기꺼이 양도하겠다는 결심을 했다. 우리가 우리 힘으로 양육을 감당하지 못하고 부모님의 힘을 빌리는 이상 양육권의 50퍼센트는 부모님에게 있는 것이다. 믿음의 여정은 '선택과 책임의 삶'이라는 정의를 좋아한다. 전업주부로 아이를 키우는 대신 일을 하기로 선택했고, 부모님의 손을 빌려 양육하기로 했다면 그 선택으로 인해서 감수해야 할 것들을 기꺼이 감수하는 책임 또한 져야 한다. 부모님이 가지신 50퍼센트(실은 결국 아이는 우리 부부의 자기장 안에서 클 것이기에 50퍼센트가 아니라 20퍼센트일지도 모른다)의 권리를 내 것 아닌 그분들의 것으로 존중하며 상처받지 않기로 결심했다.

둘째를 낳은 이후로 큰아이 채윤이가 할아버지께 찬밥이 되었다. 내리 사랑이라니 아직 어린 아기가 더 예쁘시기도 하고 게다가 가부장적일 수밖에 없는 아버님에게 아들 손주는 더더욱 특별할 수밖에. 엄마 아빠의 의식과 상관없이 차별 아닌 차별을 받아야 하는 큰아이를 보면서 마음이 많이 아프다. 최선을 다해 사랑으로 아이를 대하지만 아이의 마음에 상처와 결핍감의 구멍을 내는 것은 단지 할아버지뿐 아니라 엄마인 나도 마찬가지다.

할머니, 할아버지가 가지신 연륜의 넉넉한 품에서 아이들은 또 다른 사랑을 경험하는 것도 분명한 사실이다. 나와 남편과 부모님, 또 아이들을 예뻐하시는 시누이와 친척들, 또 친정 식구들, 아이가 다니는 유치원 선생님, 교회 유치부 선생님. 우리 아이들을 사랑하는 모든 사람(무엇보다 우리가 사는 국가)에게 일정 정도의 양육권이 있다고 생각하면 눈이 크게 떠지고 과하게 진 짐의 무게가 덜어진다. 양도하고, 양도를 권하고, 함께 책임지는 육아여야 한다.

존경하옵는 딸

퇴근해 들어가니 어머니께서 하시는 말씀입니다.

"야! 니 딸 말하는 것 좀 들어 봐라. 내가 참 기가 막혀서……."

말씀인즉슨, 낮에 채윤이가 우산을 가지고 놀다가 우산이 지저분하다고 생각했던 모양입니다. 그래서 "할머니, 우산 빨아 주세요" 했답니다. "이따 저녁 때 니 엄마 오면 빨아 달라고 해" 하셨다죠. 그랬더니 당찬 우리 딸, 할머니께 따지기 시작했답니다.

"할머니가 좀 하세요. 우리 엄마는 아침에 밥도 해야죠. 화장도 해야죠. 음악 치료도 해야죠. 하는 일이 너무 많잖아요. 그런데 할머니는 하는 일이 없잖아요. 그니까 할머니가 빨아 주셔야죠."

엄마 아빠에게 이 얘길 전하시는 할머니께 다가와서 다시 한번 못을 박는 소리 쾅쾅.

"할머니, 우리 엄마한테만 일 시키지 말고
할머니도 일 좀 하세요."

멋져요! 언니!!

이렇게 진한 애정 표현

오매불망, 삶의 낙이 '하나밖에 없는 손자새끼' 현승이인 할아버지.
평소 말씀도 없으시고 속내를 잘 드러내지도 않으시지만 약주를
하시면 이렇게 진한 애정 표현을 하십니다.

"아우, 이 새끼가 왜 이리 이쁘냐?"

'이 새끼'로도 진한 감정을 다 담아내지 못했다 싶으셨는지, 현
승이를 가슴에 안고 얼굴을 부비며 하시는 말씀.

"아휴, 이 개새끼."

베토윤

이가 빠지기 시작하면 제대로 말 안 듣는 때가 온 거라더니 이 빠
진 채윤이가 그 순리를 따릅니다. 그나마 엄마 말은 잘 듣지만 늘
대놓고 현승이를 편애하시는 할아버지 말씀은 일부러 더 안 듣는
것 같네요. 할아버지가 몇 번을 말씀하셨는데도 못 들은 척하자
할아버지는 화가 나셔서, "귀가 먹었냐? 안 들려?" 하십니다.

"네, 안 들려요. 저는 베토벤이거든요."

지하에 계신 베토벤 아저씨 울고 가실 일.

제가 안 시켰어요,
어머니

할아버지 할머니를 모시고 하루 효도 여행을 다녀왔습니다. 스파에 가서 신나게 물놀이를 했습니다. 저녁으로 등갈비 구이를 먹으러 갔습니다. 주문하고 음식이 나오길 기다리고 있는데 현승이가 옆에 앉으신 할머니께 묻습니다.

"할머니, 오늘 고기 누가 사는 거예요?"

어이상실하신 할머니.

"니 엄마가 산다. 왜?"

"안 돼요. 할머니가 사요. 엄마는 돈 없어요. 할머니가 사요. 할머니가 돈 많잖아요."

묻고 또 묻고 끝까지 우겨서 할머니의 확답을 받아 내고야 말았습니다.

"알았다. 알았어. 내가 산다. 이 부자 될 놈아!"

어머니, 제가 안 시켰어요. 정말이에요.

맞장 뜨다

베란다에 있는 복숭아 박스에 복숭아를 담아 놓은 종이 그릇이 채윤이 마음에 꼭 들었나 봅니다. 재밌게 생긴 모양에 상상의 나래가 무한 펼쳐지는지 자꾸 가서 만지곤 하네요. 할머니는 복숭아 털 때문에 가려울까 봐 걱정이시고요. 복숭아에 손대지 말라고 여러 번 주의를 주셨습니다.

휴일, 엄마 아빠 늦은 아침 먹고 있는데, 식사를 먼저 마친 채윤이 쪼르르 베란다로 가 복숭아 상자 앞에 서서 중얼중얼 놀고 있습니다. 이때 갑자기 "꽥~!" 할머니의 호통 폭탄이 터졌습니다.

"그거 만지지 말라고 했지. 채윤아, 손에 묻으면 가려워!"

김채윤, 고개를 돌려 할머니 쪽을 보는데 눈에서 레이저가 나옵니다. 당차고 똑 부러지는 목소리로, "나는 그게 아니에요. 복숭아를 덮어 주려고 했어요" 하더니 와앙, 울음을 터뜨렸습니다.

"할머니, 가! 할머니 미워!" 소리소리 지릅니다.

"채윤아, 할머니는 너 손 가려울까 봐 걱정돼서 그러신 거야"라고 다독거려도 울음을 그치지 않고요. "우리 채윤이가 정말 속상 했겠다. 채윤이는 복숭아를 만지려고 한 게 아닌데" 마음을 읽어 줘 봐도 소용이 없네요. "나는 복숭아를 만질려고 한 게 아니라 복 숭아를 덮어 놓은 거야"라며 다시 서럽게 웁니다.

그럭저럭 시간이 지나고 울음도 그쳤는데 할머니가 눈앞에 나 타나기만 하면, "할머니 미워. 나는 복숭아를 만진 게 아니라 복숭 아를 덮어 놓은 거야"라고 응대합니다. 집요하다!

결국, 천하에 무서운 것 없으신 할머니가 항복하셨습니다.

"채윤아, 니가 복숭아 덮어 놓으려구 했는데 할머니가 소리 질 러서 미안해."

와, 할머니의 사과를 받아 내다니!

"나 참, 저거 누굴 닮아서……. 참……. 니가 나한테 이 말을 못 들어서 억울한 거지?" 하시며 기꺼이 백기를 들어 주셨습니다.

"채윤아, 니가 속상한 거 알겠는데 할머니가 미안하다고 사과 하셨잖아. 채윤이도 할머니한테 소리 지르고 흘겨 본 거 죄송하다 고 말씀드릴 수 있어?"

겨우 설득해서 할머니 앞으로 데리고 갔습니다. 하지만 할머 니 얼굴을 보자 다시 울먹하면서, "할머니, 나는~은 복숭아를 만 진 게 아니에요. 덮어 놓았던 거예요."

이날 이후로 복숭아만 보면, 복숭아만 보면 자동으로 이 말이 나와요.

> "할머니, 나는 저번 날에요,
> 복숭아를 만진 게 아니구요……."

참회의 편지

채윤아!

끝내 그렇게 널 유치원 현관으로 밀어 넣고 들어왔다. 돌아오는 길에 주차된 자동차 유리에 비친 엄마의 표정을 보았단다. 웬무서운 아줌마가 무뚝뚝한 얼굴로 서 있더라. 다른 사람을 보듯오래 들여다봤어. 이게 요즘 채윤일 대하는 엄마의 표정이었구나.

"엄마가 다림질하는 동안 스타킹 신고 있어" 하는 말에 여전히빈둥대면서, "엄마, 어디가 앞이에여? 한 줄 있는 데가 앞이에여? 두 줄 있는 데여?" 하는 너에게 순간적으로 화가 치밀어 올랐어. 아침 내내 엄마는 경직돼서 웃어 줄 여유가 없었고 너는 언제나처럼 까불고 능청 떨었지.

네 말을 여유 있게 받아치면서 웃는 얼굴로 유치원 갈 준비를 하면 너도 엄마도 행복할 텐데. 발단은 엄마의 경직된 태도였어. 실은, 할머니가 보시는 아침 드라마에 빠져서 밥을 못 먹는 널 보면서 이미 엄마의 마음이 딱딱해졌단다. 너를 탓할 일이 아니지. 누구라도 싸우는 소리가 나는 텔레비전에 눈길을 주지 않을 수 없을 거야.

너로서는 이해도 할 수 없는 내용의 드라마, 싸우고 울고불고 소리 지르는 장면을 보게 하고 싶지 않았어. 어른들이나 보는 아침 드라마로 채윤이의 하루가 시작되는 것이 늘 속상하단다. 그러면 여지없이 엄마는 할머니의 삶의 방식을 불평하게 되고, 또 이렇게 이질적인 문화를 가지고 함께 살아야 하는 현실이 슬퍼져. 어쩔 수 없는 상황에 대한 좌절감이 슬픔이 되고 슬픔이 쌓여 가니 자꾸 마음이 딱딱해지는 것 같아.

오늘 아침, 묻어 둔 감정이 한꺼번에 채윤이에게 터져 버린 거야. 정말 미안하다. 그때그때 감정을 잘 다루지 못하고 결국 엄마에게 가장 약자인, 엄마가 가장 사랑하는 채윤이를 다치게 하다니. 유치원 가는 길에 마음을 풀고 따뜻하게 품어 주고 싶었지만 잘 안 됐단다. 그래서 여전히 차가운 얼굴로 "즐겁게 지내" 한 마디 하고 돌아섰어. 텔레비전을 틀지 않는 게 방법이지 틀어 놓고

보지 말라고 하는 게 방법이 아닌 것처럼,

이미 황폐해진 엄마 마음을
채윤이가 몸으로 느끼고 있을 텐데
널 안아 주는 것도 의미가 없다는 생각이 들더라.

채윤이와 현승이가 더 자라고, 아빠도 신학대학원을 마치고 분가하는 날이 오면 좋겠어. 그날을 기다리며 기도하지만 그날만을 기다리며 오늘을 불행하게 살 수는 없는데 말이다. 오늘 엄마의 숙제 같아. 오늘 아침과 같은 상황을 잘 극복해 낼 방법을 모르겠어. 언젠가 잘 될 때도 있던 것 같은데 말이야. 잠시 길을 잃은 것만 같구나. 채윤이에게 편지라도 한 장 남기고 출근하고 싶은데……. (이럴 때는 채윤이가 빨리 글을 읽을 수 있으면 좋겠다 싶구나!)

암튼, 오늘 엄마 마음을 잘 추스를게. 하루 종일 기도하는 마음으로 일하고 살게. 빈 들처럼 메마른 마음에 하나님 사랑의 단비가 촉촉이 내리면 좋겠다. 어쨌든 저녁에 만날 때는 넉넉하고 밝은 표정으로 채윤이를 안아 주도록 할 거야. 약속!

채윤이를 사랑하는 엄마가.

아이를 이해하는 멀고도 빠른 길

엄마들을 대상으로 '성격 유형과 자녀 양육'에 관한 강의를 한다. 강의 마치고 나면 어김없이 나오는 질문이 있다. "저는 사실 제 성격보다 아이 성격을 좀 알고 싶은데요. 우리 아이를 검사해 주실 수 없나요? 아이의 성격 유형 검사는 몇 살이면 할 수 있나요?" 육아에 열정을 많이 쏟는 엄마일수록 아이의 성격을 아는 일에도 열성적이다. 왜 아니겠는가. 내 아이지만 어떨 땐 통 모르겠어서 답답한 적이 한두 번이었겠나, 육아 매뉴얼에 나오지 않는 아이의 행동을 보며 속 시원한 답을 찾고 싶은 마음일 것이다. 좋은 엄마가 되고 싶은 마음이 아이를 더 잘 이해해 보겠다는 의지로 드러나는 것 또한 당연하다. 그런데 성격 유형을 알아보는 검사들은 검사 그 자체로는 의미가 없다. 자신을 객관화해서 바라보겠다는 의지와 겸손함이 전제되지 않고는 아무리 좋은 검사 도구라도 공허한 숫자의 나열일 수밖에 없다. 특히 아직 성격이 분화되지 않은 아이들에게는 더더욱 그러하다. 아이의 성격에 관해서 가장 정확한 검사 방법은 '엄마의 눈'이라고 확신한다.

'지피지기면 백전백승'(知彼知己 百戰百勝)이라는 말이 있다. 나를 알아야 아이가 보인다. 예를 들어, 내 아이가 그렇게 주목받는 것을 힘들어했던 이유, 발표력이 없다고 느껴졌던 이유가 MBTI로 내향형이기 때문이라는 것을 알게 되었다 하더라도 그 효과는 짧은 것 같다. 아마도 공감 터지는 예를 들어 가며 강의하는 강사에게 쏙 빠져 고개를 끄덕이는 그 순간뿐일지 모른다. 아이를 깊이 이해하는 눈은 엄마 자신을 깊이 살피는 눈에서 비롯된다. 좋은 부모가 되는 왕도는 없지만 그나마 하나를 들자면 '엄마가 자기 자신을 이해하는 것'이라 꼽는다. 엄마 자신이 무엇을 좋아하는지, 어떤 삶을 살고 싶은지 모르는 채로 아이의 장점과 재능을 발견한다는 것은 가보지 않은 길을 안내하겠다고 나서는 것과 같다. 엄마 자신이 행복하게 사는 법을 모르면서 아이에게 "행복한 삶을 살아라"라고 말하는 것은 엉뚱한 지도를 손에 쥐어 주고 행복의 나라를 찾아가라고 하는 것과 같다.

모든 관계가 그러하듯, '너 왜 이러니'에서는 해법을 찾기 어렵다. '내가 왜 이러지? 나는 왜 이런 상황이 되면 꼭 울컥 화가 올라오는 걸까? 웬만한 건 잘 참아 주면서 아이의 이런 면에 대해서는 왜 너그러워지지 않지?' 엄마인 나 자신 안에 얽힌 것을 보지 않으면 결코 아이의 장점도 단점도 맑은 눈으로 볼 수 없다. 그렇기에 육아는 부모가 일방적으로 아이를 키우는 것이 아니라 함께 자라가는 일이다. 아이를 키우면서 나의 어린 시절을 반추하고 그때 받았던 사랑, 꼭 받고 싶었으나 받지 못했던 것(결핍)을 돌아보는 것은 엄마 됨으로 얻는 특권의 여정이다. 나는 어떤 엄마인가? 나는 어떤 아빠인가? 나는 어떤 엄마가 되고 싶었나? 스스로에게 던지는 질문은 이유 없이 떼쓰고 뒹구는 아이를 이해하는 가장 멀고도 빠른 길일 것이다.

잠드는 습관

같은 배 속에서 나와도 이렇게나 다를 수 있다는 것을 두 아이 재우면서 실감합니다.

채윤이는 입으로 재워야 합니다. 가슴에 꼭 품어 안으면 몇 분 견디지 못하고 쏙 빠져나가 버립니다. 안아 주고 쓰다듬어 주는 것보다 노래하고 이야기 들려주는 것이 훨씬 좋은 재우기 방식입니다. 그러면 제 '와우와우 수건'을 만지작거리다 스르르 잠이 들지요. 스킨십이라면 '등 긁어 주기' 정도면 족합니다.

반면, 현승이가 잠들기 위한 필수 환경 요건은 엄마와의 신체 접촉입니다. 신생아 때는 밤새도록 꼭 안고 자거나 그게 힘들면 배에 엎어 놓고 재워야 했습니다. 많이 자란 지금도 엄마 배를 베거나, 팔을 만지며 잠이 들지요. 자다가 한 번씩 "엄마"를 불러 보고, 팔을 조몰락거리며 다시 잠이 듭니다.

이 차이는 무엇으로 설명해야 할까요?

**천국에 가면 하나님에게 여쭤 볼 게
한두 가지가 아닙니다.**

그녀를 사로잡는 방법

"싫어!"

"좀 있다가!"

이걸 입에 붙이고 사는 다섯 살, 유아 사춘기 채윤이. 말 안 듣는 그녀를 한 번에 사로잡는 방법이 있지요.

채윤이를 보고 다짜고짜 "박수정 선생님(유치원 담임 선생님)!" 하고 부릅니다. 그러면 1초도 머뭇거리지 않고 표정이 근엄해지면서, "왜 그러냐, 정신실" 이렇게 나오지요. 이 분위기를 타고 관철시켜야 할 모든 요구 사항을 쏟아 내는 것입니다.

"선생님, 치카치카 할 시간이죠?"

"응~ 그래!"

"박수정 선생님, 할아버지 주무신대요. 인사하고 뽀뽀하러 가야겠네요."

"그래, 알았다. 선생님 갔다 올게. 이거 계속 그리고 있어."

10분은 실랑이해야 할 일들이 척척입니다.

내일도 이 약의 효능을 보려 한다면 그 상태를 어느 정도 유지해 줘야 합니다. 박수정 선생님의 어린이 제자가 되어 놀아 드려야죠.

"정신실! 김종필! 자, 이제 그림 그릴 건데. 선생님이 가르쳐 줄게. 먼저 종이를 오려 줄게" 하면서 신나게 선생님 놀이를 시작합니다. 선생님 체면에 가위질이 잘 안 되네요.

"야, 김종필! 이것 좀 오려 봐라!"

가위질 좀 하는 척하다가 아빠 어린이는 먼저 도망가 버리고, 정신실 어린이 역시 "아, 맞다! 가스 불" 하고 주방으로 내뺐습니다.

"자, 정신실! 정신실! ……. 정신실! 정신실! 이리 와 봐라."

못 들은 척 대꾸하지 않고 주방에서 하릴 없이 그릇을 들었다 놨다 시간을 벌었습니다. 아무리 불러도 돌아오지 않는 정신실 어린이를 부르다 부르다 안 되니 깜짝 놀랄 이름으로 불러 제낍니다.

"야, 에미야! 일루 와 봐라."

와, 정신실 어린이 군기 빡 들어가게 하는 소리!
그녀를 사로잡으려다 제대로 잡혔습니다.

보고 싶은 외할아버지

재우려고 누웠는데 채윤이가 "엄마, 꽃밭에 얘기 해줘"라고 합니다. '꽃밭에 얘기'란 엄마가 어렸을 때 살던 시골 목사관에 있던 꽃밭 이야기를 말하는 겁니다. 언제 한 번 이야기를 들려줬는데 그이후로 자주 이 얘길 꺼냅니다.

아침 햇살을 받으며 꽃밭에 물을 주던 아버지, 실비아 꽃에서 따 먹던 꿀, 채송화, 봉숭아, 작약, 나리꽃, 장미, 찔레, 무화과⋯⋯. 얘기하다 소재가 떨어지면 밤똥 이야기를 해야 합니다. 밤에 화장실 가기 무서울 때 꽃밭 앞에 앉아서 응아를 했던 일, 또 꽃밭에서 놀다 벌에 쏘여 뚱뚱 부었던 외삼촌 얘기.

채윤이는 이 야야기를 듣고 또 들어도 좋은 모양입니다. 그 이야기 끝에는 이 노래를 부르면서 토닥토닥 재워 줘야 합니다.

아빠하고 나하고 만든 꽃밭에 채송화도 봉숭아도 한창입니다
아빠가 매어 놓은 새끼줄 따라 나팔꽃도 어울리게 피었습니다

애들하고 재밌게 뛰어 놀다가 아빠 생각나서 꽃을 봅니다
아빠는 꽃 보며 살자 그랬죠 날 보고 꽃같이 살자 그랬죠

노래를 불러 주는 동안 잠이 쏟아져 정신이 오락가락하는 채윤이, 손으로 자꾸 엄마 얼굴을 더듬습니다. "나 자꾸만 눈물이 나올려구 한다. 엄마도 눈물 나와?"라고 하면서요. 그러더니 또 묻습니다.

"엄마, 우리는 외할아버지가 보구 싶지?"

늘 보고 싶었지만 그 그리움을 마음 깊은 곳에 감춰 뒀는데, 채윤이의 고사리 손이 더듬어 꺼내려고 해요. 아버지가 문득 사무치게 보고 싶습니다.

예민남 쉬하기

현승이는 어느 날 갑자기 쉬를 가리기 시작하더니 도통 실수라고는 안 합니다. 참는 법을 아네요. 밤에 혹시나 하여 기저귀를 채워도 결코 실수하지 않습니다. 자다 일어나 껌껌한 데 앉아서 "엄마 쉬 나와. 쉬 나와" 하고 있습니다. 여기까지는 좋다고요.

세 살은 아무데서나 빈 통 대 주면 쉬 하는 거 아닌가요? 채윤이를 키우면서 연실 화장실 데리고 다닐 때, 아들 키우는 엄마들이 유아실에서 우유팩에 쉬 누이는 게 부러웠는데요. 이제 나도 편하게 유아실에서 바로 해결하는 맛 좀 보나 했는데…….

현승이는 꼭 화장실에 가야만 쉬가 나옵니다. 아무리 급해도 사람들이 있는 곳에서는 쉬가 나오지 않습니다. 화장실에 가서도 문을 걸어 잠가야만 쉬가 나옵니다.

지호네 집에 갔다가 쉬하러 화장실에 데리고 들어갔습니다. 쉬할 태세 갖추고 서 있는데 "개구리가 봐. 개구리가 봐" 하면서 바지를 추켜 올립니다. "개구리가 어딨어?" 하고 봤더니, 개구리 모양 수세미가 걸려있더군요. 아무리 괜찮다고 말해도 쉬를 해야 하는 당사자가 괜찮지가 않아서 결국 개구리 인형을 뒤로 치우고 거사를 치렀습니다.

아, 이 예민남을 어찌하면 좋단 말인가요?

서울 하늘의 새

예전에 미처 몰랐습니다. 서울 하늘에 새가 그렇게 많은 줄을요. 새를 '까치'라고 배운 현승이가 얼마나 '까치'를 잘 찾아내는지요.

차를 타고 가다가 "엄마~아, 까치! 까치!" 해서 올려다 보면 여지없이 새가 날고 있습니다.

이젠 현승이 없이 혼자 다닐 때도 새가 보입니다.

**아이가 엄마 눈을 닦아 내 하늘을 보게 하고,
새를 찾아내게 했습니다.**

나는 나는 바다에 갔었지

나는 며칠 전부터 '동해'라는 말에 기분이 들떴다. 사실 동해가 중요하지 않다. 그리고 말로만 듣는 동해는 뭣인지 도통 모른다. 다만, 엄마가 출근하지 않고 온 가족이 어딘가로 놀러 간다니 그것만으로 나는 좋다. 역시 노는 건 좋은 거다. 노는 게 사람을 배신하는 일은 없다. 노는 건 언제나 즐겁다. 거기다가 먹을 것까지 있다면 말이다.

머리털 나고 처음으로 바다라는 곳에 몸을 담궈 봤다. 아, 이것은 놀이의 신세계다. 물론 처음에는 막 밀려오는 파도가 조금 무서웠다. 그래도 엄마, 아빠 휙휙 들어가는데 나라고 못할쏘냐. 물이 너무 차가워 소름이 돋았지만 거부할 수 없는 매력이었다.

튜브에 누워서 아빠랑 같이 파도를 타는 건 진짜진짜 짱 재밌는 놀이다. 저쪽에서 파도가 밀려오기 시작하면 슬슬 마음의 준비를 하는 거다. 그리고 파도가 코앞까지 왔을 때 소리를 꽥 지르면서 펄쩍 뛰는 거다. 사실 나는 튜브 위에 누워 있기 때문에 내가 뛰는 건 아니지만.

아빠랑은 뭘 해도 안심이 된다. 일단 아빠는 힘이 되니깐. 문제는 엄마다. 엄마랑 놀 때는 항상 조심해야 된다. 엄마는 모험심은 충천하여 흥분은 잘하지만 막상 순발력이 부족하고 힘도 없어서 위기 대처 능력이 제로다. 이런 엄마를 믿고 내 몸을 맡겼으니! 엄마랑 같이 파도 타기를 하다가 튜브가 전복되는 사태가 발생했다. 물론 나는 물속으로 꼴까닥. 내가 물속에 빠져서 한참을 허우적대는데도 우리 엄마는 날 건져 올리지를 못한다. 물을 엄청 먹었다. 자기가 더 놀란 것 같은데 "채윤아, 괜찮아. 괜찮아" 하면서 난리다. 사실 나는 정말 괜찮았다. 얼른 물을 털고 다시 튜브에 누웠다. 암튼, 파도타기는 정말 짱이다!

그렇게 신나게 놀고 나서 맛있는 걸 먹는 것, 아~ 내가 세상에서 젤 좋아하는 분위기다. 회를 잔뜩 사 가지고 시골집 앞마당에서 먹는 저녁. 회도 맛있고 나는 못 먹는 매운탕 냄새도 맛있다. 엄마, 아빠, 할아버지, 할머니 대동단결해서 화기애애한 분위기도 좋고!

이럴 때 또 내 노래가 빠질 수 없다. 한바탕 공연을 하고 나니 시원한 밤공기며 어른들의 알 수 없는 이야기들이 자장가 같다. 슬슬 잠이 왔다.

잠을 자도 아깝지 않다. 왜냐하면 내일도 놀 수 있기 때문이다. 내일은 더 신나게 놀아 주리라. 바다, 기다려라!

나도 나도 바다에 가긴 갔었지

동해, 동해……. 며칠 전부터 어른들이 하도 그래 싸서 뭔가 했었다. 뭔가 대단히 재밌는 건가 보다 했다. 그리하여 바다라는 델 갔다.

내가 젤 싫어하는 거, 아무데서나 옷 벗기는 거다. 왜 아니겠는가. 내 나이 이제 세 살, 어엿한 남자다. 할머니와 엄마 협공으로 내 옷을 확 다 벗기고 헐렁한 팬티만 입혀 놓는 것이다. 아~니, 둘러보니 나만 그런 게 아니라 웬 애들이고 어른이고 남자고 여자고 다들 옷을 다 입은 둥 만 둥이다. 아이고, 민망해라. 바다, 함부로 드나들 곳이 아니다.

한눈 팔고 있는 사이, 엄마가 날 안고 바다라는 델 가는데…… 나는 죽는 줄 알았다. 목욕할 때보다 휠휠휠휠……씬 많은 물이 한꺼번에 나를 향해서 달려오는 것이다. 나는 기겁을 해 가지고 "아~~~악! 물이 와! 물이 와!" 하고 소리를 질렀다. 다행히 내 소리에 놀란 엄마가 나를 안고 오던 길로 물러나 주었다. 잠깐 닿은 바닷물은 어찌나 차가운지. 아니 그런데 이건 또 무슨 일? 잠깐 그러는 사이 내 옷이 젖은 것이다. 나는 빨리 옷을 갈아 입혀 달라고 졸랐다.

엄마가 "원래 그런 거야. 수영복은 젖는 거야. 바다에서는 이렇게 노는 거야"라고 했다. 할머니는 기막히다는 듯 "젖었다고 수영복을 갈아입는 사람이 어딨어" 하시며 내 말을 들어주지 않았다. 누나는 뭐가 그리 좋은지 소리 지르고 난리를 치며 놀고 있다. 헉, 우리 누나는 다 젖었다. 완전히 젖었다. 저러고 옷도 안 갈아입고 뭐가 좋다고.

나는 정말 바다가 싫었다. 그나마 다행인 건 모래가 엄청 많았다. 내내 모래를 가지고 놀았다. 식구들은 이런 나를 '겁쟁이'라고 생각하는 것 같았다. 그래도 할 수 없다. 바다에 간다고 하길래 좋은 곳인 줄 알았지. 물이 막 공격적으로 달려드는 곳인 줄 상상도 못했다. 식구들의 비웃음과 핍박 속에서도 나는 묵묵히 모래 놀이만 했다. 가끔 엄마나 아빠가 날 데리고 물 쪽으로 가려고 했지만 그때마다 기절하는 척 소리를 질렀다.

그날 밤에 어느 집 마당에서 회도 먹고, 노래도 하고 신나게 놀았다. 엄마 다리를 베고 있으니 스르르 기분 좋게 잠이 몰려왔다. 어른들은 내일 계획을 세우는 것 같았다. 잠이 막 들려고 하는데 아빠가 "내일 바다에 한 번 더 갈까요?"라고 했다. 나는 정신이 번쩍 들었다. 후다닥 일어나서 손을 가로 저었다. "바다! 안 돼. 바다 안 가!"

그러고 났더니 불안해서 잠이 오지 않았다. 잠이 들락말락 하면 엄마가 "현승아, 낼 바다 갈까?" 이러는데……. 정말 미칠 것 같았다. 바다 진짜 싫다!

우리가 왜 이렇게 됐어

채윤이가 "아빠가 아빠가" 이러던 시절이 있었습니다. 기저귀 가는 것도 아빠가, 쮸쮸 먹여 주는 것도 아빠가, 재워 주는 것도 아빠가!

이때 정말 편했는데……. 요즘은 뭘 해도 "엄마가"로 주문이 바뀌었습니다. 특히 잠잘 때는 죽어도 엄마죠. 일단은 얄미운 현승으로부터 엄마를 떼어 내는 것에 큰 의의를 두는 것 같습니다.

늦게 마트에서 장을 보고 들어오니 11시가 되었습니다. 서둘러 채윤이를 재우려고 급한 대로 아빠가 옆에 누웠습니다.

"아빠 싫어. 엄마 오라구 해!"

채윤이라면 끔찍한 아빠, 속이 상하고 섭섭했나 봐요.

"오늘은 아빠가 재워 줄게."

몇 번 달래다 계속 거부당하자 속상한 마음에 아이를 나무란 거죠.

그러자 채윤이가 엄한 목소리로, "아빠, 아빠가 오늘 채윤이 진서 할머니 병원에 데리고 갔지? 그리고 초콜릿 우유도 사 줬지? 또

삼촌 병원에도 데리고 갔지?"라고 말합니다.

아빠는 영문도 모르고 "그래, 맞아, 그랬지" 추임새 넣듯 대답을 했고요.

(똑 부러지는 발음과 태도는 기본)

"그런데 우리가 왜 이렇게 됐어? 왜 이렇게 됐냐구? 아빠, 나가서 잘 한 번 생각해 보고 들어와!"

에둘러 말하기

현승이를 태우고 고모 만나러 가는 길, 약속 시간이 얼마 남지 않아 마음이 급했습니다. 골목길 같은 아파트 앞길에서 대충 신호를 무시하고 지나쳤습니다. 골목을 빠져나와 강변도로에 들어섰는데 뒷좌석의 현승이가 말을 겁니다.

"엄마, 신호등이 뭐라는 거야?"

"그게 무슨 말이야? 갑자기 신호등이 왜?"

"신호등이 뭐라고 말하는 거냐구?"

"응? 빨간불일 때는 멈추세요~ 초록불일 때는 가세요~ 하는 거야."

"그런데⋯⋯ 그냥 갔잖아. 빨간불인데⋯⋯. 그냥 가고, 또 그냥 갔잖아." (두 번을 신호 위반했다는 얘기)

"엇! 그랬구나.
현승아, 그건 엄마가 잘못한 거야.
그렇게 하면 안 되는 거였어."

"⋯⋯."

누나 채윤이 같았으면 위반하자마자 똑 부러지는 소리로, "엄마, 왜 신호 위반해? 빨간불인데 가면 안 되잖아" 했을 일이죠. 이렇게 에둘러 말하는 건 나름대로 배려냐?

세상의 온갖 부드러운 것

현승이는 부드러운 남자이고 자신이 부드러운 만큼 부드러운 대접받기를 원하는 남자입니다.

초겨울에 고모가 옷 한 벌을 사 주셨는데 윗옷이 참으로 부드러운 천으로 된 것입니다.

"현승이, 이쁜 옷 입었네"라고 누가 말하면, 어김없이 "고모가 사 줬어요. 부드러워요" 하면서 자기 옷을 그렇게도 만져 댑니다. 엄마가 집에서 입는 옷 중에서도 현승이가 좋아하는 옷은 역시 부드러운 옷입니다. 엄마의 팔이고 등이고 만지작대면서 "아~ 부드러워"라고 합니다.

부드러운 것을 더욱 애절하게 찾을 때는 혼났을 때입니다. 엄마가 조금만 정색을 하고 얘기해도 금방 눈물이 그렁그렁해져서 팔을 뻗치며 다가오지요. 그리고 부드러운 엄마 옷을 만지작만지작, 훌쩍훌쩍.

엄마가 성탄 선물로 받은 덧신이 하나 있는데 이것은 딱 현승이 스타일입니다. 부드럽죠. 싱크대 앞에서 일을 하다 보면 어느새 주방 바닥에 엎드려 덧신을 만지작거리고 있습니다. 가끔 벗어 놓은 덧신을 발견하면 양손에 하나씩 끼고 얼굴을 문지르면서, "부드러워, 부드러워!"

감정 조절

채윤이는 혼날 때 혼나고 사과하면 끝입니다. 아, 뒤끝 없는 멋있는 여자!

그런데 날이 갈수록 질질거리는 엄마의 감정이 문제네요. 너무 깔끔하게 감정 조절하는 채윤이가 얄밉기까지 합니다. 정작 혼난 채윤이는 기분이 말끔한데, 엄마는 지가 애를 혼내 놓고도 입을 대빨이나 내밀고 설거지하는 게 일상다반사죠.

채윤이를 본받아 빨리빨리 감정 정리 좀 해 보려고 애쓰는데 그게 쉬운 일이 아니네요. 급기야 이런 말까지 듣고 말았습니다.

"엄마, 엄마는 내가 아까 미안하다고 했고!
엄마도 괜찮다고 말해 놓고
자꾸 그렇게 딱딱한 마음으로 말할 거야?

이제부터~어, 엄마가 친절하게 말하면 내가 잠언 쓰는 거 두 줄 쓸 수 있는데, 계속 그러고 있으면 한 줄 쓰는 것도 안 쓸 수도 있어.

이제부터 친절하게 말해 봐. 알았어?"

09
놀이마당 지켜 주기

~~~~~~~~~~~~~~~~~~~~~~

아이가 세상과 연결되는 아름다운 통로가 '놀이'다. 100일도 안 되었을 때 아기는 침대에서 천장 바라보고 누워서 옹알이를 시작했다. 열어 놓은 창문으로 들어오는 바람에 살랑거리는 모빌에 눈을 맞추고 "아르르르르…… 까르르……" 옹알이를 했다. '이 아이가 스스로 세상과 만나고 있구나' 싶어 신기했다. 자라면서 딸랑이를 흔들고, 흔들다 빨고, 소리 나는 그림책의 버튼을 누르고, 하루에도 몇 번씩 책꽂이 맨 아래층의 책들을 모조리 꺼내 놓는 것. 아이가 '놀이'를 통해서 세상을 알아 가는 방식이다. 그랬던 아이가 큰 자동차 장난감에 베개란 베개를 다 꺼내 쌓아 놓고 '쌀 차'라 부르며 배달을 다니고, 카펫에 블록을 흩뜨려 놓고는 고기를 굽는다며 상상 놀이를 하는 수준까지 이른다.

아이가 놀이에 몰입하는 순간, 할 수 있다면 한 시간이든 세 시간이든 그 시간을 지켜 주려 한다. 조심조심 블록을 쌓아 올리고 있을 때는 숨죽이며 거리를 유지했고, 냄비며 쟁반이며 싱크대의 집기를 꺼내 쌓아 놓을 때도 위험하지만 않다면 최대한 모른 척하려고 애쓴다. 아이에게 놀이만큼 신성한 일이 없다고 확신하기 때문이다. 옛 어르신들 말씀처럼 "놀지 않는 아이는 아픈 아이"다. 한글, 영어, 발레, 베이비 마사지……. 아이들의 발달을 돕는 프로그램이 문화 센터마다 즐비하지만 사실 그냥 잘 노는 아이면 된다. 실물을 그대로 축소해 놓은 것 같은 비싼 장난감을 보면 눈이 돌아가지만 싱크대 안의 쟁반, 플라스틱 볼, 베개, 우산, 이불, 책…… 이런 것만으로도 놀이는 충분히 다채롭고 풍성하다. 바비 인형의 옷을 갈아입히는 것보다 베개를 아기 삼아 업고 노는 아이의 정신 세계가 더 광활할 것이라고 믿는다.

엄마는 그저 참견하지 않으며 지켜봐 주고, 한없이 어질러지는 거실을 참아 내는 인내심을 키운다면 아이 스스로 상상 그 이상의 것들을 배우고 터득할 것이다.

큰아이 채윤이는 '놀이의 신'이다. 눈에 보이는 모든 것을 놀이로 만들어 버리는 아이다. 동생 현승이가 클수록 최고의 장난감이 되어 간다. 여기저기 활용도가 높아서 살아 있는 장난감 현승이 덕에 누나의 놀이가 더욱 생기가 넘친다. 엄마 아빠 역시 다루기는 어렵지만 게임이나 노래를 함께 하기에는 더없이 좋은 기능을 가진 장난감이다. 채윤이는 하루하루 진화하며 놀이의 레전드가 되어 간다.

현대 유치원 교육의 아버지라 불리는 프리드리히 프뢰벨(Friedrich Fröbel)은 말했다.

피곤해서 더 이상 놀 수 없을 때까지 마음껏, 그리고 끈기 있게 노는 아이는 결단력 있고 자신과 다른 사람의 행복을 위해 자신을 희생할 줄 아는 어른이 될 것이다.

엄마는 오직 이 말을 믿는다.

내 키에 딱 맞는 세면대

오늘은 교회 교육관에서 가정 교회 모임이 있었습니다. 의외로 현승과 채윤이 너무 잘 노는 것입니다. 현승이는 누나를 졸졸 따라다니며 시키는 대로 잘도 합니다. 둘이서 뭐가 그리 재밌는지 깔깔거리면서 끊임없이 뭔가를 합니다. 엄마가 이렇게 편하게 모임에 집중해도 되나, 믿어지지 않을 정도로요. 저쪽에서 꼬깔콘을 바닥에 뿌려 놓고는 하나씩 밟아 부서뜨리며 좋아서 깔깔거립니다.

'그래, 끝나고 청소기 돌리자.
계속 그렇게만 놀아라.'

잠시 후, 두 녀석이 보이지 않습니다. 어디 책상 밑에 들어가 있으려니 했지요. 김채윤, 웃음 가득한 얼굴로 화장실 쪽에서 나오면서 "엄마, 나 손 씻었어" 합니다.

"현승이는? 현승인 어딨어?"

"현승이도 손 씻고 있어."

순간 불길한 예감! 냅다 화장실로 뛰었습니다. 변기에서 막 손을 빼면서 돌아서는 현승. 엄마를 보더니만 자랑스럽게 손을 내밀니다. '엄마, 나도 누나처럼 손 씻었어요. 누나 따라 씻으려니 세면대가 너무 높아 난감했는데 마침 내 키에 딱 맞는 세면대를 발견했어요. 내가 발견했어요! 그리고 혼자 이렇게 손을 씻었어요. 잘했죠?' 하는 표정.

엄마는 잠시 충격에서 헤어 나올 수 없었습니다. 비누로 손을 빡빡 씻겨서 데리고 나와 마음을 가라앉히고 다시 모임에 집중했습니다. 어디선가 아사삭 아사삭 과자 먹는 소리가 납니다. 아, 뭔가 불길한 육감! 두 녀석, 바닥에 퍼질러 앉아서 아까 전에 뿌려 놓고 발로 밟아 놓은 꼬깔콘을 집어 먹으며 낄낄거리고 있습니다. 이 아이들, 몸의 안팎을 소독해야 할 판이에요.

그분이 오시면

허리가 아파서 어머님이 애용하시는 의료기에 누워 치료를 했습니다. 가만히 누워 있으면 뜨끈뜨끈한 것이 오르락내리락하면서 등을 안마해 줍니다. 누워 있으면 등이 시워~언하니 잠이 소~올 솔 오는 것이, 피로 풀기에는 그만이네요.

뜨끈뜨끈한 치료기 위에서 몸이 노곤노곤 풀려 막 잠이 들려는 순간, 김채윤에게 발각되었습니다. 다 잤다! 누워 있는 엄마를 보자마자 바로 '놀이의 신' 그분이 임하셨고, '이건 또 웬 멋진 배경 화면이냐!' 눈이 뒤집혀서 곧장 간호사로 변신해 버렸습니다.

"손님, 이거는요 좀 아픈 주사거든요. 따끔합니다. (어쩌고저 쩌고)⋯⋯."

계속 만지고 주무르고 못 살게 굽니다. 그러다 급히 밖으로 튀어나갑니다. 다시 잠이 들락말락 하는데 체온계를 찾아 나타나더니, "손님! 열 한번 재 볼까요?⋯⋯ (어쩌고저쩌고)⋯⋯" 합니다.

슬슬 귀찮고 짜증이 올라오기 시작합니다. 처음에는 그래도 친절하게, "채윤아, 엄마가 허리가 아파서 그러거든. 나가 있을래?"라고 했습니다.

"아, 그래요? 손님! 허리가⋯⋯. 음⋯⋯, 왜 아플까요? 어디 보자. 한번 볼게요. 주사를 맞아야겠는데요."

끝이 없습니다. 몇 번 더 좋은 말로 해도 소용이 없어서 벌떡 일어나 소리를 꽥 질렀습니다.

"김채윤! 너 빨리 불 끄고 안 나가? 콱 그냥. 엉덩이 맞기 전에 빨리 나가. 엄마 아프다고 했지?"

당황한 김 간호사 얼른 주사기와 이런저런 짐을 챙겨 가지고 도망가면서 (사정거리 밖) 문 앞에서 하는 말, "손님, 많이 아프면 부르세요!"

"그래도 저게! 빨리 나갓. 불 꺼!"

불 끄고 나가다 말고 다시 와서,

"저 손님, 주사기 다 들어가면 부르세요.
열 재야 되거든요……."

아우, 진짜 쫓아가서 팰 수도 없고!

일자무식의 아름다운 언어들

일자무식(一字無識) 채윤이는 모든 노래를 '듣기'로 배웁니다. 멜로디 익히는 건 당연하고요. 글자를 모르니 가사도 온전히 들어서 배우는 것이죠. 채윤이가 글자에 관심을 보이기 시작하자 마음 한켠에서 아쉬움의 한숨이 폴폴 새어 나오네요. 문맹을 탈피하면 글자를 읽을 수 없어서 발달한 동물적 듣기 감각들이 조금씩 무뎌지겠지요. 그러면 다음과 같은 채윤이만의 언어가 사라질 테니까요.

- 〈옹달샘〉 중에서

새벽에 토끼가 눈 부비도 일어나 (눈 비비고 일어나)

- 〈선하신 목자〉 중에서

험한 산과 골짜기로 내가 다닐찌라기 (다닐찌라도)

- 빅마마의 〈거부〉 중에서

터질청방다타~아~아아아아아아 (터질것만 같아)

머까로 뚜까로 내 모습 그대로 (멋대로 뜻대로 내 모습 그대로)

밥주고 꼭끼고 (감추고 속이고)

- 〈루돌프 사슴코〉 중에서

안경 낀 성탄절 날 (안개 낀 성탄절 날)

슈가남

어느덧 두 녀석을 두고 낮잠을 잘 수도 있게 되었습니다.

"둘이 놀아. 엄마는 피곤해서 좀 잔다. 정말 급한 일 아니면 엄마 깨우지 마"라고 엄히 명령을 해놓으면 채윤이가 오는 전화도 다 받아 줍니다("엄마 자서 전화 못 받아요").

놀 만큼 놀고 엄마가 필요해질 때쯤이면 깨우려고 달려드는데,

현승이가 엄마를 깨우는 방법입니다.

잠들어 있는 엄마의 얼굴을 부드럽게 만져 댄다. 흩어진 머리카락
쓸어 올려 주고, 흐트러진 옷매무새 고쳐 주고, 이불 제대로 덮어
주고, 다시 얼굴을 부드럽게 쓸어 줘도 일어날 기미가 보이지 않으
면, 아주 작고 부드러운 소리로 귀에 대고 속삭인다.

"엄마 더 자고 싶어?"

초콜릿을 입에 문 느낌으로 잠을 깨게 되지요.

뽀뽀 또는

며칠 집을 비웠던 아빠가 돌아오는 날입니다. 채윤이랑 같이 아빠
를 픽업하러 갔습니다. 차 안에서 상봉한 부녀 쉴 새 없이 뽀뽀하
고 난리가 났네요. 뽀뽀하던 채윤이, "아빠, 우리 이번에는 이렇게
뽀뽀하자. 아빠는 얼굴을 이쪽으루 하고 나는 얼굴을 요쪽으루 한
다음에 (즉, 서로 고개를 반대 방향으로 돌리고) 이렇게 뽀뽀하자!"

저…… 그건 뽀뽀가 아니라…….

야! 그리고 그 남자 내 꺼야!

달리는 노래방

차를 타면 음악을 듣거나, 노래를 부르거나 둘 중 하나입니다. 디
제이는 물론 채윤 킴이죠. 채윤이가 갑자기 지휘자 겸 선생님이
되었습니다.

"자아, 맨 먼저 무슨 찬양 할까? 그래, 〈야곱의 축복〉이다. 자,
하나, 둘, 셋, 넷! 너는 담장 너머로 뻗은 나무…… 작게~에…… 크
게~에."

셈여림까지 지시하면서 지휘를 해댑니다. 앞좌석 합창단원 엄
마, 아빠가 얘기라도 한마디 할라치면, "지금 무슨 시간이야? 떠
들지 말라고 했지? 다시 처음부터!"라고 엄하게 다그치죠. 그러다
보니 〈야곱의 축복〉만 서너 번을 부르는 겁니다. 엄마, 아빠는 정
신 바짝 차리고 안 틀리고 불러서 다음 곡으로 넘어갈 수 있었습
니다. 그러다 갑자기, 돌발 상황. 화통 삶아 먹은 소리로, "새싹반
을 부르면!" 하고 소리를 지릅니다. 그때는 리드미컬하게, "넨네

선생님"이라고 해줘야 하는데 어리바리 아빠는 깜짝 놀라서, "어? 뭐야. 이거? (어쩌고저쩌고)……" 이러다 혼나기 일쑤입니다.

　이번에는 음악을 틀어 놓고 "새벽 이슬 같은 주의 청년들이"를 부릅니다. 흥에 겨워 지휘에 빠져 있다가 아빠에게 솔로를 시키고 싶은데 그 분위기에서 "아빠"라고 부르는 건 지휘자로서 약한 모습인 거죠. "자~아, 거기 거기 운전하는 사람! 혼자 노래해!"라고 말해 놓고, 이것도 적절하지 않다 싶었는지 이럽니다.

　　　　"거기 운전하는 여보~오, 혼자 노래해!"

　나중엔 선생이고 아빠고 엄마고 운전하는 사람이고 여보고 할 것 없이 앉은 자세로 춤을 추고 난리가 납니다.

　달리는 노래방입니다.

졸졸졸 걷는 것

자동차는 달리는 노래방이거나, 달리는 퀴즈방입니다. 한시도 입을 가만두지 않는 채윤이가 뜬금포 "알쏭달쏭 퀴이~즈!" 하고 소리를 지르면, 엄마 아빠는 그 박자 그대로 받아서 "문제없다 퀴즈!" 하고 외쳐야 합니다. 일종의 스무고개 수수께끼인데, 채윤느님이 시켜서 하는 것이지만 참 괜찮은 가족 놀이입니다.

오늘 채윤이가 낸 알쏭달쏭 퀴즈는 참으로 서정적이라서 기록에 남기지 않을 수 없습니다.

"알쏭달쏭 퀴즈!"

"문제없다 퀴즈!"

"나느~은 우성 아파트 뒤에 있는 거예요."

"모지?"

"음…… 나느~은 졸졸졸 걸어가요."

"음…… 뭘까?"

"나는 졸졸졸 걸어서 흑석동 외할머니 집까지 가요."

"알았다!"

"한강!"

"딩동댕~"

졸졸졸 걸어서 외갓집까지 가는 한강, 우리는 그 친구 옆을 자동차 타고 가면서 퀴즈 놀이를 해요.

우리 누나 신실이

엄마, 아빠는 할리갈리 게임에 빠졌습니다. 자연스러운 응원전도 펼쳐집니다. 처음부터 그렇게 정해진 것처럼 현승이는 엄마 편, 채윤이는 아빠 편. 엄마가 이겨 카드를 쓸어 오자, 엄마 편 응원 단장 현승이가 거실을 빙빙 돌며 외칩니다.

"와와~~~ 우리 누나가 이겼다!!"

다들 어리둥절.

"누구? 누가 이겼는데?" 하니 손가락으로 엄마를 가리킵니다.

그러자 김채윤까지 덩달아서 아빠를 끌어안으면서 말합니다.

"아냐~ 우리 오빠가 이길 거야!"

기분 좋다! 누나 vs 오빠

심 봉사 글 눈 뜨다?

컴퓨터를 부팅만 해놨는데 채윤이가 자주 하는 야후 꾸러기의 '옷 입히기' 페이지가 열려 있습니다. 아빠가 해주는 것도 못 봤는데 이상하다 하면서 채윤일 불러 물었습니다.

"채윤아, 이거 너가 열었어?" 했더니 그렇답니다. 도저히 믿어지지가 않아 갸우뚱거리고 있는 사이 채윤이가 하는 말, "엄마, 나이제 글씨를 다 알게 된 것 같애. 여기 글씨 보고 내가 했어"라고 합니다. 위의 메뉴바에 아닌 게 아니라 '야후'가 있었습니다. '어쩐지 니가 늦는다 했다. 말하고 노래하는 수준으로 보면 벌써 글을 읽었어야 하는데…….

역시 우리 딸 천재성이 있었어.
어느 날 갑자기 확 깨칠 줄 알았다!

심장이 두근거렸습니다. 흥분이 됐습니다.

"채윤아, 그러면 여기는 뭐라고 써 있는데?" 하면서 '옷 입히기' 페이지 안에서 '야후'라는 글자를 찾아 가리키며 물었습니다. 채윤이는 의기양양하게 말했습니다.

"옷입!"

"옷입?"

"응…… 헤헤헤헤. 옷 입히기!"

아, 심 봉사 김채윤이 깨우친 건, '옷 입히기'는 네 글자, '야후'는 두 글자라는 것이었습니다.

10

여백을 주는 육아

~~~~~~~~~~~~~~~~~~~~~~~~~~~~~~~~~~~~~

영국에 있는 브루더호프 공동체 리더인 요한 크리스토프 아놀드(Johann Cristoph Arnold) 할아버지는 그의 책 「잃어버린 교육, 용기」(*Endangered: Your child in a hostile world*, 쉼터 역간)에서 아이들은 스스로 자랄 공간, 여백을 필요로 한다고 힘주어 말한다. 아이들 스스로 시간과 공간을 채우는 기회를 주라는 것이다. 그야말로 텅 빈 심심한 시간, 엄마의 섣부른 간섭과 어설픈 정답으로 채워지지 않는 모호한 지점들, 이 여백이야말로 아이들이 크는 시간이란다.

나는 그 가르침에 힘입어 아이가 자발적으로 관심을 보이지 않으면 굳이 앉혀 놓고 한글을 가르치지 않을 것이며 영어나 기타 사교육을 시키지 않기로 했다. 나름대로의 소신이다. 그럼에도 아이 친구 엄마들과의 수다가 길어지면 불안의 파도가 일렁이는 것이 사실이다. 때로 엄마인 나보다 우리 채윤이의 까막눈을 더 걱정하는 친구 엄마들을 보면서 이내 흔들리는 소신이다. '내가 과연 잘하고 있는 것인가?' 자꾸 묻게 된다. 이럴 때 요한 할아버지가 권하는 여백이 있는 육아는 책 제목 그대로 '용기'를 준다. 그래, 유치원생의 삶은 여백 그 자체여야 한다. 옆집 엄마의 열정에 휩쓸려 아이의 소중한 여백을 섣부른 잡동사니로 채우려 하지 말자.

두 녀석이 함께 노는 시간이 길어진 만큼 싸우는 일도 잦다. 폭력 사태가 벌어지지 않는 이상, 싸움에 개입하지 않으려 한다. 싸움에도 여백을 주기 위해서다. 그 여백을 통해서 싸움을 싸우고 해결하는 방법을 스스로 터득할 수 있다고 믿는다. 현승이 같은 경우 울며불며 엄마의 권위에 업혀 보려 매달려도 "네가 누나한테 한번 말해 봐. 친절하게 말해 봐" 하는 정도로 코멘트해 주고는 일부러 딴청을 부린다. 물론 빨리 참견을 해서 상황을 정리하고픈 마음 충천이다. 그런 때는 나 자신과의 싸움이다. 참자, 참자, 참아야 하느니라. 싸울 시간을 주자.

아이들이 넘어졌거나, 맛있는 아이스크림을 바닥에 떨어뜨렸을 때, 할아버지와 싸워서(?) 울 때도 참을 수 있을 만큼 참으며 여백을 확보해 보려 한다. 물론 즉각적으로 달려들어 아이의 편이 되어 주고 거두절미하고 아이를 품고 안아 줘야 할 때도 있다. 분별도 필요하고 치열한 노력도 필요하다. 실은 자주 실패하고 있다. 누구보다 통제하길 좋아하는 나 자신의 약점을 알기에 이것은 아이들을 위하는 것 그 이상임을 안다. 엄마인 나 자신을 위해 가장 필요한 훈련으로 생각하고 있다. 걸음마 한 번을 위해서 수십 번 엉덩방아를 찧는 아이처럼 엄마 역시 아이와 함께 마음의 엉덩방아를 찧어 가며 연습해야 한다. 아이에게 여백을 주는 일은 엄마인 내가 자라 가는 일이고, 나 자신의 영혼에 여백을 주는 영적인 훈련이기도 하다.

이상한 나라의 앨비스

아빠가 새로 DVD를 사 주셨다. 〈이상한 나라의 앨리스〉

　현승 : 누나야! 이상한 나라의 앨비스 보자.

　채윤 : 야! 이상한 나라의 앨리스야.

　현승 : 아니야! 이상한 나라의 앨비스야.

　채윤 : 아빠한테 물어보자. 아빠, 이상한 나라의 앨리스야? 이
　　　　상한 나라의 앨비스야?

　현승 : 내가 물어볼 거야. 아빠, 이상한 나라의 앨비스야? 이상
　　　　한 나라의 앨비스야?

　아빠 : 이상한 나라의 앨리스지.

　현승 : 거봐! 아빠가 이상한 나라의 앨비스래.

영혼 없는 상담

저녁 내, 마음이 무거워서 아이들을 친절하게 대하지 못했습니다.
현승이는 잠들었고 채윤이 등을 긁어 주며 고해 성사를 했습니다.

"채윤아, 엄마 마음에 기쁨이 없어. 그래서 엄마가 오늘 화를 많이 냈어."

"왜애? 왜 기쁨이 없어?"

"엄마가 생각해 봤는데…… 아빠가 집에 없어서 보고 싶기도 하고, 힘들기도 한 것 같애. 그리고 채윤이가 유치원 가기 싫다고 해서 이렇게 유치원도 안 가고 있고……. 엄마 마음에 기쁨이 없는데 어떡하면 좋지?"

"음……" 하면서 눈이 슬슬 감기는 채윤이.

"내가 지금 가만히 생각하고 있는 중이야. 어떻게 엄마가 기분이 좋아질까 하고. 엄마도 눈 감고 한번 생각해 봐."

안 자는 척 연기하는 것이 귀엽기도 얄밉기도 하여 채근해 봅니다.

"채윤아, 다 생각했어? 다 생각했으면 얘기해 줘. 어떻게 하면 기쁨이 올까?"

생각에 깊이 잠겨 도저히 눈을 뜨지 못하는 채윤이.

"응~ 성령님에게 도와달라고 해.
기분이 좋아지게 해달라고 기도해."

바로 Z$_{Z}$$_{Z}$$_{Z}$$_{Z}$$_{Z}$

야, 기도하라는 말이 얼마나 공허한 상담 처방인 줄 알아?

구라쟁이 그녀

채윤이는 아빠와 함께 지하철을 타고 시내에 가는 길이었습니다. 마주 보는 의자에는 역시 채윤이 또래의 여자 아이가 아빠랑 앉아 있었습니다. 두 녀석 괜한 기 싸움을 하더니 시비가 붙었는데, "이 쒸!" 하면서 발 구르고, 주먹 쥐고 허공에 휘두르고. 마주 앉아서 그렇게 주거니 받거니를 반복.

상대편 선수가 채윤이에게, "야, 너 몇 살이야?"

순순히 대답할 김채윤이 아니죠.

"너는 몇 살이야?"

상대 선수 순진하게, "나는 여섯 살이다!"

다섯 살 (그것도 11월생, 네 살에 가까운) 김채윤,

"이쒸, 나는 일곱 살이닷!"

먹을 것만 있다면

어린이날, 천안의 신학대학원 기숙사로 아빠를 만나러 가기로 했습니다. 휴일이라 고속 도로는 정체고, 날씨는 덥고, 갑갑한 차 안에서 짜증이 나는 채윤. 왜 이리 차가 밀리냐? 언제쯤 아빠한테 도착하냐? 짜증이 짜증을 부르며 극을 향해 가는 순간! 저기 멀리 휴게소 안내판이 보입니다.

"엄마아~아, 휴게소야.
숟가락이랑 포크가 나왔어."

그때부터 밝아진 표정, 가벼워지는 기분. 휴게소에 도착했습니다. 차에서 내리자 너무 기분이 좋은 나머지 혼날 때나 얼핏 나오는 존댓말이 술술 나옵니다.

"엄마, 쉬하고 과자 살까요? 현승이 손 꼭 잡고 있을게요."

과자와 음료수가 든 비닐봉지 한가득 가슴에 안으며 '이게 사람이 사는 맛이로구나' 하는 표정이네요. 엄마가 커피 사느라 한참을 기다려야 했는데도 투정 한 번 하지 않습니다. 풍성한 먹을거리를 안고 차를 향해 가는데 계단에서 발을 헛디며 넘어지고 말았습니다. 계단 모서리에 부딪혀서 꽤 아팠던 채윤, 엄마를 원망합니다.

"엄마가 나한테 너무 무거운 걸 들게 해서 그랬잖아. 너무 아프잖아. 엄마가 채윤이한테 다 들게 하지 말았어야지. 엄마가 더 많이 들었어야지. 너무 아프잖아. 엄마 때문에 아프게 된 거야."

울음 터지기 일보 직전. 그때 엄마가 딱 한마디 했지요.

"그래도 먹을 게 있잖아."

1초도 머뭇거림 없이 얼굴이 밝아지면서, "아참, 그렇지! 가자, 엄마." 차를 향해 날아갔습니다. (꽤 아팠을 텐데)

물구나무 선 5계명

스스로 자신이 엄마 말을 잘 듣는다 싶을 때, "엄마, 내가 지금 부모님에게 순종하는 거죠~오?" 하는 현뜽. 카펫에 벌러덩 누워서는 엄마한테 티슈를 가져오랍니다.

"참나~ 필요하면 니가 가져와라아"(이게 어디서 엄마를 시켜 먹어)

했더니, 벌떡 일어나며 버럭.

"엄마! 지금 나한테 순종 안 하겠다는 거야?"

이 자식이 십계명을 도대체 어떻게 배우고 있는 거야?

훈육, 달라서 어렵다

아이들 훈육의 법칙

　　1. 상황이 벌어진 바로 그 순간에 즉각적으로 부드럽게 말한다.

　　2. 끝까지 말로 설명한다.

　　3. 바로, 그 자리에서 말로 해결이 안 될 때는, 집안에서는 정해진

　　　　장소, 그 외에는 엄마와 단둘이 대화할 수 있는 곳으로 연행한다.

　　4. 팔을 아프지 않을 만큼 힘주어 붙들고 얼굴을 아주 가까이 대고,

　　5. 눈에 힘을 준 상태에서 눈을 맞추고 차분하게 잘못한 행동을 설

　　　　명한다.

　　채윤이가 말을 못하고 알아듣지도 못하는 듯 보이던 아기일 때

부터 일관되게 썼던 방법입니다. 채윤이는 그 자리에서 즉각적으로 대화와 타협이 되는 편이었습니다. 언성을 높일 필요도 없이 조근조근 대화하는 것으로 웬만한 문제는 다 해결이 되었지요. 아, 물론 미운 다섯 살 또는 미운 동생을 보기 전까지는요.

현승이는요?

자기가 잘못해 놓고도 엄마가 눈에 힘주는 것만 봐도 선수 쳐서 울어 버립니다. 똥 뀐 놈이 성낸다고 엄마를 막 때리는 건 옵션입니다. 채윤이와 해결하던 방식이 전혀 먹히질 않습니다. 한두 번 침대로 끌고 가서 혼을 냈더니만 이런 어이없는 반응이…….

할아버지를 때리거나 해서 매를 벌어 놓고는 엄마 표정이 달라지면 자기가 먼저 벌떡 일어나 침대로 가잡니다. 격려하여 훈육하는 건 높은 등급이고요, 경미한 범죄는 그 자리에서 해결하려고 하죠. 그런데 이 녀석 무조건 혼나러 침대로 가잡니다. 이건 무슨 경운지? 울고불고 하면서 일단 방으로 가자는 것입니다. 나중엔 잘못이고 뭐고 다 없어지고 그저 방으로 가자고 땡깡을 부리고 난리 부르스입니다.

똥 뀐 놈이 개념이 없다 보니 똥 뀌고 성을 내도 무엇이 잘못인지 설명해 줄 방법이 없는 상황이니 어쩐답니까.

현승이를 낳은 죄

모처럼 엄마의 쉬는 날.

엄마가 집에 있는 날이라고 채윤이는 아침부터 들떠 있습니다.

"엄마 잠깐만 은행에 갔다 올게"라고 했더니 따라가겠다고 울고불고 난리가 납니다. 빨리 다녀오겠다고 달래도 소용이 없습니다. 도대체 이유가 뭐냐며, "너를 데리고 가면 은행 일 보기가 힘들어. 그리고 네가 따라가면 현승이가 울어" 하니, "현승이도 데리고, 우리 둘 다 차에 태워서 같이 가요"라고 합니다.

"너네 둘 데리고 엄마가 은행 가서 일 볼 자신이 없어. 그럼 다음에 갈게."

그러자 엉엉 울면서 이렇게 말합니다.

"그러니까, 엄마가 잘못한 거죠. 엄마가 그러니까 현승이를 낳지 말았어야죠. 엄마가 현승이를 낳았으니까, 엄마가 잘못한 거니까 우리를 데리고 가야죠."

결국, 엄마는 현승이 낳은 잘못을 인정하고 은행은 물론 마트까지 데려갔다는 얘기.

매

저렇게 뺀질거릴 수가 있을까 싶은 여섯 살 채윤이. 어설프게 크고, 어설프게 자아 형성이 되는 시기라서 더욱 어렵습니다. 말로 안 되는 시점에서 빠른 해결을 위해서 어쩔 수 없습니다. 한 대 때려 주기. (아무리 작아도 인격으로 대하자며, 대화로 육아를 하겠다는 결심을 잊은 지가⋯⋯.) 물론 흥분한 상태에서는 매 들지 않기, 할머니, 할아버지, 현승이가 있는 곳에서는 때리거나 혼내지 않기, 매를 맞아야 하는 이유를 분명히 말해 주는 것도 빼놓지 않습니다. 특히 내 감정 해소를 위한 체벌인지 성찰하려고 노력합니다.

그렇게 '매'를 사용한 지 1년이나 됐을까요? 오늘도 채윤이와의 전쟁 없이는 하루가 마무리되지 않습니다. 울음 반, 짜증 반 끝없는 자기 변호를 쏟아 내고 있는데 안 되겠다 싶어, 특단의 조치, 옆에 매를 갖다 놓고 말했습니다.

"그렇게 얘기하면 엄마가 무슨 말인지 못 알아들어. 그리고 지금 너무 시끄러워서 가족들이 모두 힘들어. 엄마가 기다릴게. 충분히 다 울고 나서 얘기하자. 계속 그러고 있으면 엄마가 맴매 할 수밖에 없어. 여기 맴매 보이지?"

감정을 추스르고 울음을 그친 여섯 살 딸.

"그래요. 나두 얘기할 거야. 엄마랑 얘기할 건데, 오늘은 엄마가 말을 많이 하지 말고 내가 말을 많이 할 거야. 엄마랑 말을 하는 건 좋은데 때리지는 말라구~우. 엄마가 맴매 하는 거 나는 진짜 진짜 싫다구. 말로만 하자구. (갑자기 울음이 복받치면서) 왜애! 엄마는 말도 하고 때리기도 하는데 나는 말만 하는 거냐구? 그러니까 이제부턴 엄마도 때리지는 말고 말만 해. 엄마가 빨리 엉덩이 때릴 때, 나 진짜 싫고 마음이 속상해. 엉엉……."

그런 상상을 했더랬죠.

"엄마, 이제 저도 다 컸는데 말로 하시죠."

나보다 더 커진 키와 덩치로 내 팔목을 딱 잡으면서 이런 말을 할 날이 올 거라고. 한 열다섯 살, 사춘기 즈음?

그날이 이렇게 빨리 올 줄은 몰랐네요.

질투남

자려고 누운 채윤이 기침이 예사롭지 않습니다.

"안 되겠다. 채윤이. 배즙 데워 먹고 자자" 하고서는 벌떡 일어나 배즙을 전자레인지에 데웠습니다. 채윤이는 따라 나와서, "엄마 꼭 데워서 먹어야 해요? 쿨럭쿨럭……" 약간 오버하며 서 있습니다. 그런데 어디서 무슨 소리가 난 것 같기도 하고…… 뒤를 돌아보니 현승이가 어둠 속에서 "콜록콜록" 입을 막고 기침하며 서 있네요. 그걸 본 채윤, 앙칼지게 한마디 합니다.

"너도 배즙 먹고 싶어서 그러니? 엄마가 친절하게 해주니까 일부러 기침하는 거지?"

금방 대답하지 못하고 머뭇머뭇하다, "아니야~~~아!"

역시나 오버하며 부정합니다. 현승이도 아픈 걸로 치고 배즙을 한 잔씩 데워서 주니 둘 다 기분이 좋아졌습니다. 기분이 좋은 틈을 타서 김채윤이 아주 나긋나긋한 소리로,

"현승아, 너~어 배즙 먹고 싶어서 일부러 기침한 거지?"

달콤한 배즙, 달콤한 누나 목소리에 녹아내린 현승이.
"엉!"

11

주의 사랑으로 사랑할
채윤 자매님, 현승 형제님

결혼 전, 남편과 교제를 시작할락말락하던 때 받은 편지가 있다. 편지 끝에 '주 안에서 사랑하는 신실이 누나께'라고 적혀 있었다. '이건 뭐라는 것이냐? 사랑한다는 거냐? 주 안에서라는 거야?' 사귀고 나서 "이런 비겁한 표현이 어딨냐?"며 들이댔더니 당시 남친이었던 남편이 그랬다.

"모든 사랑은 하나님의 사랑이에요."

그때는 비겁한데다 따분하기까지 하다고 생각했는데 사랑하며 살수록 참으로 맞는 말인 것을 깨닫는다. '하나님의 사랑'이 아니면 남편 사랑하기가 불가능하다. '내 사랑으로 남편을 온전히 사랑할 수 없다'는 것을 뼈에 사무치게 경험하며, 하나님의 사랑으로 사랑하고자 나를 비워 내는 연습을 부단히 해왔다. 여전히 처음처럼, 아니 처음보다 더 깊이 사랑할 수 있는 유일한 이유일 것이다.

남편에게만 그런 줄 알았다. 아이들에게도 마찬가지였다. 채윤이가 부쩍 자라면서, 또 남편의 늦은 신학 공부로 인한 주말부부 생활 등으로 정서적으로 힘들어지면서 채윤이 양육에 빨간불이 켜졌다. 아이에게 불같이 화를 내게 된 것이다. 한 번이 아니고 여러 번이었다. 매보다 대화가 먼저였고 설령 매를 든다 해도 충분히 대화한 이후에 상징적인 의미로 드는 요식 행위였다. 채윤이는 자아가 더 강해졌고, 환경은 척박해졌고, 엄마 마음이 피폐해지면서 모든 양육 원칙이 다 무너져 버린 것 같다. 치료가 많은 날에는 몸도 마음도 지쳐서 퇴근을 하고, 두 아이의 요구를 혼자 받아 내며 저녁 시간을 보내노라면 쉽게 화를 내게 된다. 아이들 때문에 난 화가 아닌데도 가장 약하고 만만한 아이들에게 분노가 조준되고 발사되기 일쑤다.

잠든 아이들을 바라보노라면 '모성애 결핍 증후군'과 '자책 증후군'이 혼재되어 올라온다. 내 새끼니까 사랑하는 것이 자연스러운 현상일 텐데 본능적 사랑의 한계치에 다다른 것인가? 아무리 생각해도 내 본능은 사랑이 아니라 사랑 반대쪽에 기울어 있나 보다. 모든 사랑은 하나님의 사랑이다. 하나님의 사랑으로 사랑하지 않으면, 때로 그 사랑으로 용서하지 않으면 아이들을 사랑할 수 없다. 더 이상 재롱이나 떨어 주는 나의 아기들이 아니라 무시로 내게 상처를 입히는 한 인간이 되어 간다. 아, 아이들이 내게 인간 대 인간의 관계를 요구하는 존재가 되었다. 이기심과 자기애를 가지고 사랑이라 착각하는 부모들을 얼마나 손가락질했던가. 채윤이와 현승이를 '주 안에서' 사랑하는 그 사랑으로 사랑할 때가 되었다. 이 찬양으로 기도할 때가 됐다.

주의 사랑으로 사랑합니다.
주의 사랑으로 사랑합니다.
형제 안에서 주의 영광을 보네.
주의 사랑으로 사랑합니다.

우리 예수님이 말씀하신 그대로 주가 우리를 사랑하듯 서로 사랑해야 한다. 약한 우리 힘으로는 사랑할 수 없으니 주의 힘을 의지하여 서로 사랑 하자!

가슴 아프게, 가슴 아프게

"오늘은 엄마가 씻겨 줘!"

"내가 먼저 씻을 거야!"

"엄마, 잠옷 입혀 줘!"

"재워 줘. 바로 지금 재워 줘. 너무 너무 졸려워!"

두 녀석이 번갈아 가면서 불러 대며 징징징징, 엄마는 날카로워졌습니다.

"아직도 안 씻었어? 왜 이렇게 천천히 씻어? 지금 재워 줘!"

짜증 섞인 목소리가 듣기 싫어 양치하다 뛰어 나가서 말 없이 현승이를 노려봐 줬습니다. 찌릿 레이저 눈빛이 효과가 있어서 이내 조용해졌습니다. 그래서 마음 편히 씻고 나왔는데……. 김현승이 아까 그 자세 그대로 침대 위에 화석처럼 앉아 있습니다. 화석 주제에 웬 눈물은 또 그렁그렁?

"나 눈물이 나올 거 같애" 하더니 엄마 얼굴을 보자마자 울음을 터뜨립니다.

"알았어. 그만 울어. 엄마가 씻고 재워 준다고 기다리라고 했지? 이제 재워 줄 거야. 뚝."

설움이 더욱 복받쳐 자세가 바뀝니다. 찬양 집회에서 은혜 받으면 나오는 자세, 그러니까 한 손은 가슴에 대고 다른 한 손은 앞으로 들고 내저으면서 이럽니다.

"내가 마음이 아파. 마음이 아파. 엉엉엉…… 엄마가 나를 그렇게 미운 눈으로 쳐다봐서 마음이 너무 아파!"

조금 진정됐는지 목소리를 가다듬고, 다시 한 번 가슴을 쓸어내리면서 말합니다.

"마음이 아파서 그랬어, 엄마!"

엄마의 분노는 늘 과하다

학기 중에는 주말에만 만나는 아빠, 겨울 방학을 맞아 아빠를 제대로 누려 보기로 했습니다. 일주일 가족 여행으로 네 식구가 함께하는 시간이 좋습니다. 그렇다고 내내 좋기만 하다는 뜻은 아닙니다.

보성 녹차 밭 근처였습니다. 식당에 들어가 식사 전에 나온 녹차를 마시고 있었습니다. 엄마가 여러 번 경고했음에도 불구하고 채윤이는 여전히 녹차를 가지고 장난칩니다. 그러다 결국 테이블

위에 엎고 말았습니다.

물론 참고 참았던 엄마의 분노 봉인은 해제되었지요. 한바탕 퍼부어 주고 살벌한 분위기로 식사를 마치고 밖으로 나왔습니다. "엄마, 미안해요" 말하려고 입을 떼는 채윤이에게, "미안하다는 말 하지 마. 듣고 싶지 않아. 미안하다는 건 앞으로 그러지 않아야 한 다는 건데, 너는 미안하다 하고 계속 똑같이 하잖아" 하며 테이블 에 녹차 엎듯 채윤이의 사과를 엎어 버렸습니다.

엄마가 화장실 간 사이 아빠에게 성토를 했답니다.

> "내가 잘못하긴 했는데,
> 엄마는 내가 잘못한 것보다 더 쎄게 화를 내."

맞다. 엄마가 생각해도 더 세게 화를 냈지. 나라는 족속은 원래 좀 그래. 자기 분에 못 이겨 소리도 지르고 그러는 게 나란다.

너도 나중에 엄마가 되어 보면 알 거야. 흑흑.

결국 채윤이에게 사과했습니다. "더 쎄게" 화를 낸 것에 대해서 말이지요. 채윤이가 사과를 받아 주며 점잖게 말했습니다.

"알았어. 앞으로는 그러지 마, 엄마."

혼나는 걸 보는 것도 혼나는 것

"엄마! 나 병설 유치원 선생님 무서워. 김○○ 선생님이 화를 너무 많이 내. 그리고 무섭게 화를 내. 아니, 나한테 화를 낸 건 아닌데…… 김다민이라고 있잖아. 말썽꾸러기. 다민이가 선생님 말씀을 안 듣기는 안 듣거든. 정리도 하나도 안 하고 맨날 말썽만 부려. 그런데 다민이가 잘못해서 혼낼려면 다민이만 혼내야 되잖아. 우리를 같이 혼내는 건 아니지만 우리가 다 있는 데서 무섭게 혼내면 내가 무섭잖아. 혼내려면 다민이만 선생님 방으로 데려가서 혼내야지. 나는 김○○ 선생님이 너무 무서워. 동화 나라 햇살반 전○○ 선생님이 보고 싶어."

연기력이 널 살렸다

"엄마! 그런데요…… 잠깐만요. 이리 와 보세요. 엉엉엉."

"엄마, 제가요…… 제가요…… 그릇을 깼어요. 그런데 엄마가 너무 아끼는 그릇이에요. 엄마, 제가 너~어무 너무 잘못한 거예요."

"엄마가 선물 받은 지 얼마 안 되고 엄마가 요즘에 아주 예뻐하는 그릇이에요. 내가 이걸 갖고 놀지 말았어야 해요. 엄마, 정말 죄송해요. 알아요. 알아요. 엄마가 얼마나 속상할지 제가 알겠어요. 엄마가 진짜 속상할 거예요. 엉엉엉. 그렇지만 내가 엄마 마음을 아프게 하려고 일부러 깬 건 아니에요."

"엄마가 너무 좋아하는 그릇이잖아요. 내가 엄마한테 허락도 안 받고 놀다가 이걸 이렇게 깬 거예요."

"현승이가 물만 안 엎질렀어도 안 깨는 건데……. 엉엉엉."

"엄마, 미안해요. 엄마, 용서해 주세요."

"엄마, 내가 이거 다 치울게요. 엄마는 가만히 있어요. 이건 내가 정말 잘못한 거예요."

몰입도 별 다섯 개, 감정 라인 좋고, 연기가 살아 있어서 봐줬다. 정말 아끼는 그릇이지만.

(깨진 그릇 부여잡고 부들부들 떨고 있던 엄마)

지옥 갈 엄마

"엄마는 나쁜 엄마야."

(나쁜 짓은 지가 다 해놓고. 약속 안 지키고 엄마한테 막 대들고……)

"엄마는 나중에 천국에 못 갈 거야."

(그럼 지옥 간단 얘기냐? 완전 지옥에나 떨어져라? 제대로 욕하는 거냐?)

"딸이 이렇게 하고 있는데……."

(이러구 있기는! 지가 하고 싶은 거 다 하고. 책 읽어 주면 요절 외운다고 해서 목이 터져라 글씨 디따 많은 걸로 두 권이나 읽어 줬더니, 바로 졸립다고 짜증내고, 왜 씻지도 못하게 하냐고 황당하게 덮어씌우더니, 오히려 소리 지르며 울고불고 하면서)

"하늘만큼 땅만큼 사랑하는 딸을 이렇게 속상하게 해놓고 화장을 하고 있다니."

(끓어오르는 분노를 삭이기 위해 마사지를 빙자하여 내 뺨을 때리며 자학하는 건지도 모르고)

"지금 이쁜 척하는 거야 뭐야."

(너나 나나 거울 보면 정신 못 차리는 족속이긴 하지만. 너라면 이 상황에서 이쁜 척하고 싶겠니? 어린 딸이 엄마를 훈계하며 속을 뒤집어 놓는 이 상황에?)

엄마의 정신줄은 기도로 잡혀요

우리 엄마가 월요일마다 미쳐요. 7시가 넘어서 캄캄할 때 집에 돌아오는데요, 이미 들어올 때부터 얼굴이 장난이 아네요. 우리 보고 웃지도 않구요. 얼굴이 딱딱하구요, 마음도 딱딱한 것 같아요. 피곤하대요. 온종일 쉬지도 않고 음악 치료 했대요. 그러면서 우리 말에 대답도 안 해 주고요, 대답 안 하는 엄마에게 자꾸 말 시키다가는 죽어요.

바로 그 순간에 엄마가 미치거든요. 막 소리 지르구요. 나를 때리려구 매를 찾으러 돌아다니구요. 내가 쪼금 말 안 들었는데도 많이 말을 안 들은 것처럼 막 화내요. 그러면 저는 현승이랑 대충 놀다가 자요. 미쳤던 엄마는 우리가 잠이 들면 광기가 가라앉아요. 잠든 내 얼굴, 현승이 얼굴 만지고 부비고 뽀뽀하고 그런다니까요. 일단 우리가 잠을 자 주면 엄마가 서서히 정신을 차리는 것 같아요.

아빠랑 통화도 하고, 문자도 주고받고 나서 기도를 하는 것 같아요. 아마 주일을 지내고 아빠랑 떨어지는 월요일이 엄마에게는 힘든가 봐요. 아빠가 월요일에 신학 대학원 기숙사에 가는 거 나도 싫어요. 전처럼 아침에 출근하고 저녁에 집으로 오면 좋겠어요. 그런데 엄마가 더 힘든 것 같아요. 주말에 아빠랑 얘기도 많이 못하고, 또 월요일에 치료도 많대요.

다행인 건, 화요일 아침에 일어나면 엄마가 천사로 변신해 있어요.

아침에 일어나면 엄마가 꼭 거실에 앉아서 기도를 하고 있어요. 내가 엄마 옆에 가면 엄마가 날 꼬옥 안고 기도를 해줘요. 어떤 때는 나한테 너무 많이 화낸 거 용서해 달라고 기도할 때도 있어요.

제 바람은요, 울 엄마가 월요일 아침부터 기도하는 거예요. 기도하면 다 좋아질 걸, 굳이 안 하고 버티면서 미칠 게 뭐예요? 울 엄마가 다음 주부터는 월요일 하루 종일 기도하면서 지내면 좋겠어요. 그러면 아빠랑 떨어지는 것도, 치료가 많은 것도, 다 잘 극복하고 평안할 수 있을 것 같아요. 가장 힘들 때, 바로 그때 기도하는 습관을 좀 가지면 좋겠어요.

3부

살피다

12
내향형 아들에게

~~~~~~

현승아, 너의 두 번째 생일에 찍은 사진을 자꾸 들여다보게 돼. 주인공인 너와 지켜보는 누나의 표정이 사뭇 다르구나. 너랑 누나를 품고 있는 동안 태교가 다르지도 않았고, 양육하는 방식 또한 다를 것이 없는데도 너희 둘은 참 다르구나. '무대 체질'로 불리는 누나와는 달리 현승이는 사람들의 주목을 받는 걸 부담스러워하는 것 같아. 네 생일을 축하하는 자리에서, 식구들끼리 둘러앉았음에도 주인공이 되어 주목을 받는 건 쑥스러웠나 봐. 좋은데 부담스럽고, 어쩌지 못하는 모습이 귀여워서 너를 보는 엄마 아빠 할머니 할아버지, 모두 마음이 간질거렸단다.

하나님이 우리 현승이의 인격에 '내향형'이라는 선물을 주신 것 같아. 앞에 나서는 것보다는 조용히 따르는 것이 좋고, 많은 사람을 사귀는 것보다는 한두 사람과 깊이 사귀는 것을 좋아하지. 때문에 낯선 환경을 받아들이는 데 시간이 많이 걸리기도 해. 그러면서 현승이 마음에는 좋은 생각과 만남들이 누구보다 깊이 있게 농익어 갈 거야. 내가 드러나기보다 다른 사람을 세워 주는 멋진 사람이 될 수도 있을 것 같아.

그러나 자라다 보면, 외향형의 사람들이 좋아 보이는 때가 있을걸. 시원시원하게 아무 때나 자기 생각을 표현하고, 주변 환경에 빨리 잘 적응하고 말이다. 또 학교에 들어가면 선생님이나 혹은 이 엄마도 '발표력 있는 아이'가 무조건 좋은 것처럼 생각할지도 모르겠어. 그러나 어떤 경우에도 네 성품 안에 숨겨진 많은 것은 하나님이 현승이를 특별하게 만드시느라 주신 선물이란다.

네가 처음 엄마와 떨어져 유아실에서 예배를 드리던 때 어른들이 걱정하시는 걸 들었어. 다른 아이들은 혼자서 씩씩하게 잘 노는데 현승이는 권순경 큰엄마 무릎에서 떠나지 못한다고 말야. 엄마는 사실 크게 걱정 되지는 않았어. 오히려, 아직 세 돌도 되지 않은 현승이가 한 시간 반 동안 엄마 아빠와 떨어져 있는 것, 매우 힘든 일인데 그렇게라도 할 수 있다는 것을 고맙고 대견하게 생각해. 누나는 그만할 때 여러 번 집사님들이 봐주시려고 했지만 결국 되지 않아서 아빠가 고등부 교사를 그만두기도 했었단다. 그런 누나가 지금 유치부에서 얼마나 씩씩하게 잘 지내는지 알아? 집에 친척 할머니들만 오셔도 부끄러워 방에서 나오지도 못하는 현승이가 그나마 권순경 큰엄마에게 의지해서라도 떨어질 수 있다는 것이 감사할 뿐이란다. 여러 어른이 걱정을 하실 때 마음이 조금 아프기는 했단다. 자기표현이 적은 대신 유달리 듣기를 잘하는 현승이가 주변에서 어른들 걱정하시는 소리를 들었겠구나 싶었어. "현승이는 아기도 아닌데 그러고 있으면 안 돼, 권순경 큰엄마는 다른 아기들 안아 줘야 하니까 떨어져 놀아야 해, 은강이는 유치부도 갔는데 현승이 그렇게 가만히 있을 거야" 이러는 말씀들 말이다. 집에서도 너 자신에 대한 얘기에는 기가 막히게 잘 알아듣고 눈치를 보는데, 자존심 강한 현승이가 꽤나 스트레스 받았을 걸 생각하니 마음이 좀 아프더라.

그런데 그럴 수 있어. 아니, 앞으로 너는 너를 온전히 이해해 주는 상황보다는 그렇지 않은 상황에서 살아가야 할 거야. 그러기 위해서는 현승이가 현승이 자신을 사랑해야 해. 외향형인 누나와 엄마가 이런 자신을 사랑하고, 내향형인 아빠와 현승이는 또 그런 자신을 있는 그대로 좋아하고. 꼭 내향형과 외향형의 문제가 아니라도 세상에 잘 적응하고 살기란 간단한 문제가 아니지만 엄마는 기대한단다. 현승이가 자라면서 자신을 온전히 사랑하고 받아들이는 것을 먼저 배우고, 세상을 온전히 받아들이는 멋진 남자가 되기를 말이다. 엄마가 아빠의 '내향적이고 직관적이며 과묵하고, 진지하고, 우수에 젖은 모습'에 하트 뿅뿅됐잖아. 우리 현승이도 누구보다 매력적인 사람이 될 거야.

현승아, 너의 모든 걸 사랑해!

공중도덕 지킴이

아빠도 없고 차도 없는 토요일에 덕소 역에 가서 전철을 타고 외 갓집에 가기로 했습니다. 집 옆으로 다니는 경춘선, 중앙선을 늘 보기만 했지 한 번도 타 보질 못했거든요.

현승이가 말을 하기 시작할 때 일명, '찌찌아빠'라 불렀던 기차 를 드디어 타게 되었습니다. 난생 처음 전철을 타는 현승이를 데 리고 엄마는 내심 긴장되고 설렙니다. 정작 현승이는 침착하게 지 하철을 기다리다 여유 있게 타서는 자리를 잡고 앉았습니다.

누나가 자리에서 살짝 일어나거나 통로에 서면,

"야~아, 앉아 있어!"

엄마가 사진 찍으려고 잠깐 일어나도,

"엄마~아, 앉아. 여기 똑바루 앉아 있어!"

누나 목소리가 조금만 커져도,

"야~아, 짝게 말해!"

엄마와 누나 단속하느라
정신이 없으십니다.

착한 녀석

누나 생일 전날.

생일 선물을 사러 온 식구가 함께 마트에 갔습니다. 채윤이 누나는 기분이 완전히 들떠서 선물을 고르느라 정신이 없고요. 사실 엄마 아빠도 채윤이 장단에 춤춰 주느라 현승이가 뭘 하고 있었는지 잘 몰랐습니다.

쇼핑을 마치고 나오다 보니 '아, 현승이도 있었네' 싶었지요. 카트 의자에 참으로 조용히 그림처럼 앉아 있었습니다. 누나가 선물로 산 목걸이를 걸고 좋아하는 걸 물끄러미 바라봅니다. 그러더니 카트 안에 있던 요플레(현승이가 먹고 싶다고 해서 산 것)를 쳐다보면서 혼자 중얼거립니다.

"나는 집에 가서 요플레 먹으면 돼."

현승입니다

주말에 교회 일로 차 쓰는 일이 많아진 아빠, 덕분에 주말엔 아이들과 버스 여행을 합니다. 현승이는 아무리 기다려도 버스는 안 오고, 버스 대신 잠이 와서 기분이 영 좋질 않습니다. 오래 기다렸던 버스가 도착했지만, 짜증은 쉬 사라지지 않습니다. 그 상태로 엄마 손잡고 버스에 올라탔습니다. 아니, 그런데 버스에 올라 엄마가 교통 카드를 대자마자 어떤 아줌마가 또박또박 외치는 겁니다.

"현승입니다."

깜짝 놀란 현승이 눈이 똥그래지고, 짜증이고 잠이고 다 달아나 버렸지요. 자리를 차지하고 앉아 있다 보니 한두 번이 아닙니다. 버스가 정차하고 사람들이 탈 때마다 심심치 않게 들립니다.

아니 기계 속 저 아줌마는 현승이 이름을 어떻게 알고 저렇게 "현승입니다, 현승입니다" 하는 거죠? 그때마다 깜짝 놀라 정자세를 취하는 현승이, 낄낄거리고 깔깔거리는 엄마와 누나.

어버이날에

어버이날, 어린이집에서 현승이를 찾아 차에 태웠습니다.

"엄마~아, 나 엄마한테 할 말이 있어."

"웅…… 나~아, 나아…… 나아…… 그런데 엄마, 내가 이 말

하면 웃지 마. 쳐다보지 마. 나 쳐다보지 마. 나 있잖아…… 나
아…… 나아……. 부끄러워서 말 못하겠어. 집에 가서 할래."

"무슨 말인데? 너무 부끄러우면 말하지 않아도 돼."

이 말에 눈물이 그렁그렁합니다.

"선생님이 꼭 하라고 했어."

몇 번 다시 시도하다 포기하고 어린이집에 전화를 했습니다.
그 말 안 해도 되냐고 선생님에게 여쭤 보려고요. 휴대폰에서 새
어 나오는 얘기를 들어 보니 선생님이 꼭 하라는 말이 "엄마, 낳아
주셔서 감사합니다. 사랑해요"네요. 용기를 북돋우는 선생님 목
소리, 결국 하겠다며 전화를 끊었습니다. 다시 시도.

"엄마, 나…… 아……. 못하겠어."

부끄러워서 눈물까지 글썽글썽. 혹시 이런 말이냐고 물어서
"응"으로 해결했습니다.

짜식, 나중에 사랑하는 사람 만나서 고백은 어떻게 하려고!

엄마, 손 내밀어 봐

저녁으로 치킨을 시켜 먹고 아이들은 신이 나서 베란다와 거실을 누비며 놉니다. 엄마와 아빠는 닭 뼈 널려 있는 식탁에 마주 앉아 이야기꽃을 피우고 있었습니다. 식탁을 치우는 건 둘째치고 닭다리 잡고 뜯었던 끈적하고 미끌한 손을 어정쩡하게 들고 대화에 빠져 있었나 봅니다. 왔다 갔다 놀고 있던 현승이가 물에 젖은 휴지 뭉치를 들고 나타났습니다.

"엄마, 손 이렇게 해 봐!"

손을 내밀었더니 "내가 손 닦아 줄게" 하면서 착착 닦아 주네요.
아빠 손에도 치킨은 묻었건만 보이지 않는대요.
짜식, 제 입에 묻은 양념이나 좀 먼저 닦지.

13
머리를 맞대다

~~~~~~

아빠

채윤이는 여섯 살인데 그네를 혼자 못 탄다. 그래서 그네 탈 때마다 밀어 줘야 한다. (어떤 땐 행복하기도 하지만, 사실 귀찮아 죽겠다) 그러다 보니 다른 애들과 비교를 하게 된다.

"누구누구는 그네 혼자 타는데 넌 아직도 혼자 못 타냐?"

운동 신경은 죄다 엄말 닮았나 보다.

채윤이에게 인라인스케이트를 사 주고 가르치고 있다. 아이니까 금세 배우려니 했다. 벌써 네 번째 연습인데 그네 타는 것과 똑같다. 열심히 배워 혼자 타려는 노력은 하지 않고 내내 아빠 손만 잡고 있으려고 한다. 달래고 참다가 짜증이 머리끝까지 올라왔다. 연습을 마치고 신발로 갈아 신고 집에 가겠다는 걸 그냥 끌고 업고 해서 왔다.

채윤이는 신발 신고 가겠다며 내내 울고불고했다. 아빠가 화가 나서 그럴 수 없다고 말했다. 정말 화가 났다. 집에 돌아와 엄마의 중재로 채윤이와 단둘이 대화를 나누었다. 채윤이는 진심으로 서럽게, 울먹이며 말했다.

"아빠~ 왜 내가 신발 갈아 신으려고 했는데, 왜~ 안 해줬어요? 네? 흑흑……."

"채윤이 니가 열심히 배우려고 하지 않고 자꾸 아빠한테만 매달리고 짜증내고 해서 화가 나서 그랬어."

"아빠, 다음엔 정말 열심히 할게요. 아빠가 하라는 대로 열심히 배울게요. 흑흑……."

"아빠도 다음엔 맘대로 채윤일 그냥 업고 가지 않을게."

아이가 내 생각만큼, 기대만큼 따라오지 못할 때 그땐 어떻게 해야 할까? 내 마음에만 금이 갔을까? 서럽게 울던 채윤이, 아빠 태도로 마음에 상처를 입지는 않았을까?

채윤이는 아침에 출근하는 내게 와 조용히 속삭이듯 말했다.

"아빠, 오늘은 힘들어서 인라인 못 탈 것 같아요."

"아냐, 아빠가 친절하게 잘 도와줄게. 이따 밤에 꼭 타자. 응?"

담백한 채윤인 줄 알았는데, 맘이 많이 상했나 보다.

어쩌나……. "여보, 나 좀 도와줘. 어떻게 해야 할까?"

엄마

인라인을 가르치며 당신이 맞닥뜨린 고민은 다른 부분에서 나의 고민이기도 했어. 우리의 높은 기대와 있는 그대로의 채윤이 모습, 그 간극을 어떻게 받아들여야 할까? 엄마인 나 자신에게 하는 말이기도 하고, 한 번쯤 정리하고 갈 일인 것 같아.

1. 너무 자주 본말이 전도되는 것 같아

인라인을 사 주고 가르치는 것은 아이를 즐겁게 하려는 것이었잖아. 불과 서너 번 만에 그 본질은 어디 가고 잘 타게 하는 것이 중요한 목표가 되어 버린 것 같아. 단지 인라인만이 아니라 일상이 그런 것 같아. 내가 정말 자주 하는 실수거든. 아침마다 옷 고르는 문제에서도 결국 같은 패턴으로 나와 채윤이 마음이 상해 버리는 것 같아. 더디 배우더라도 채윤이가 즐거움과 흥미를 잃지 않도록 합시다. 나도 내 스타일로 입히고 꾸며 주는 것보다 채윤이 자신이 편하고 좋은 옷을 입도록 하겠어. (잘 지켜질지 모르겠으나)

2. 당신이 진정 걱정되는 것이 '자기 훈련'의 문제라면

나도 좀 걱정이 되기는 해. 채윤이가 너무 인내심이 없는 것은 아닌지? 조금만 지루하고 힘들어도 포기하려는 성향이 느껴져. (날 닮아서 그런 것 같아 더욱 슬퍼) 그런데 사실 우리도 '자기 절제'를 여전히 잘 못하잖아. 이건 정말 평생을 두고 배워 가야 하는 것 같아. 채윤이가 온전한 그리스도인으로 자라기 위해서 이것은 가장 필요한 덕목 중 하나일 텐데 기도하면서 서두르지 말고 가르칩시다. '자기 절제'의 삶을 우리가 살아 내는 것이 곧 가르침이 아니겠소이까.

3. 자신의 약점을 인식하기 전에 즐거움을 가르치고 싶어

채윤이가 그림이 얼마나 안 되는 애였는지 당신 알지? 예진이가 그린 그림을 보고 우리가 놀랐잖아. 같은 나이에 채윤이 그림과는 비교도 안 되게 잘 그린 그림에 말이야. 헌데 채윤이가 그림 그릴 때마다 우리가 열심히 칭찬하고, 여러 미술 도구를 가지고 그림 그리면서 놀아 주니 요즘엔 많이 나아졌어. 무엇보다 일단 자신이 그림을 못 그린다는 생각을 안 하잖아. 그러니 자유롭고, 즐겁게 그리게 되었지.

나 학교 다닐 때 체육 시간마다 스트레스를 정말 많이 받았어. '나는 못한다'는 의식을 가지면 진짜 뭐든 안 되거든. 채윤이 앞에서 운동 신경 없다는 얘기 너무 자주 하지 말고, 운동 신경 없어도 즐겁게 운동할 수 있다는 것을 먼저 가르칩시다.

나 요즘 배드민턴 치는 거 봐. 예전에 학교 다닐 때처럼 열등감에 휩싸여 있다면 불가능한 일이었을 것 같아. 서른이 넘어서 내가 운동 좋아한다는 걸 깨달았어. 운동을 못하면 좋아할 수도 없는 줄 알고 살았지. 채윤이도 현승이도 '못해도 즐길 수 있는' 아이로 자라면 좋겠어. 당신이 운동 잘 하니까 당신의 미션이외다. 채윤이가 운동 신경 없는 자신을 부끄러워하지 않고 즐길 줄 알게 도와줘, 여보. 나에게 배드민턴을 가르쳐 준 것처럼.

너무 빠른 기도 응답

아빠랑 인라인을 연습하고 들어와서는 신발을 신네, 벗네, 아빠가 밉네, 어쩌네 하면서 한바탕 울고 난 채윤이. 씻고 재우려고 누웠는데 머리가 뜨끈뜨끈합니다. 열을 재 보니 38.5도. 해열제를 먹일까 하다가 '더 오르면 먹이지' 하고 채윤이를 꼬옥 안고 기도하고 재웠습니다.

"하나님! 우리 채윤이 열이 빨리 떨어지고 오늘 단잠 자게 해주세요. 내일 아침엔 싹 나아서 유치원도 가고, 엄마랑 달크로즈 수업(몸으로 익히는 리듬 교육)도 할 수 있게 해주세요."

아침에 일어나 머리를 만져 보니 열이 하나도 없습니다.

"채윤아! 하나님이 기도를 아주 빨리 들어주셨어. 우리 채윤이 열이 하나도 안 나네."

"맞아, 엄마. 하나님이 기도를 들어주셨어.
채윤이는 하나님 목소리 못 들었지만."

무엇이든
손에 넣는 누나

저녁으로 엄마가 해준 불고기 떡볶이를 먹는 시간.

둘이 식탁에 나란히 앉았는데, 더 예쁜 포크와 더 좋은 자리를 현승이가 차지했습니다. 한 발 늦은 채윤이. 현승이에게 비키라고 해 봤다가, 먼저 왔다고 더 좋은 걸 맡는 게 어디 있냐고 윽박질렀다가, 아니면 포크라도 바꿔 달라고 소리소리를 질러도 봅니다.

잠시 후, 안면을 싹 바꾸고 세상에서 가장 부드러운 표정과 말투로 건넵니다.

"현승아, 그런데 누나 포크 봐 봐. 이게 더 좋아. 이렇게 짧아서 금방 먹을 수 있잖아. 좋겠지? 누나가 바꿔 줄까?"

세상에서 가장 순진한 동생 현승이, 침을 질질 흘리면서 말합니다.

"엉, 바꿔 줘."

(1차 목표물 탈환)

"현승아, 그런데 누나가 포크 바꿔 줬으니까 너는 자리 바꿔 줘야지. 한 번씩 양보해야지."

침 질질 김현승 다시,

"엉, 알았써."

모든 걸 얻고, 착한 누나 등극까지!

로봇도 아니고

"김채윤! 자기 전에 침대에서 뛰지 말라고 했지. 엄마가 같은 말을
몇 번째 하는 줄 알어?"

"알았어. 알았어. 내가 엄마가 한 말을 잠깐 까먹었지. 내가 뭐
단추가 있어? 단추가 있어서 누르면 그담부터 하나도 안 까먹고
다 그대로 해? 아니잖아. 까먹을 수도 있잖아. 엄마를 속상하게 할
려고 일부러 뛴 것도 아니잖아."

채윤이의 자라는 속도를 점점 더 못 따라가겠다.
질퍽거리는 엄마.

작명의 미학

옛적부터 동생에 대한 복잡한 감정을 '이름 짓기'로 극복했던 채윤이. 면승이, 현망이, 그것으로도 속이 뚫어지지 않으면 파열음을 강하게 써서.

"김형광!"

누나가 현승이를 그렇게 불러 줬을 때, 현승이는 누나에게 가서 의미가 되었습니다. 이제는 채윤이도 나이를 먹을 만큼 먹었고 엄마 아빠 눈치를 볼 필요도 없습니다.

> **"야! 김미워. 니 이름은 김미워야.**
> **너는 어쩜 그렇게 밉게 생겼니."**

날이 갈수록 이름 뒤틀기 신공은 진화합니다.

이름을 촌스럽게 만들어 버리기.

"야! 김현덕! 너는 이제부터 김현덕이야"라고 했다가, '현덕'의 '덕'자가 풍기는 뉘앙스가 맘에 들었는지, "야, 덕산아! 너는 이제부터 김덕산이야"라고 합니다.

엄마 아빠도 입에 착 붙는 이 이름을 애칭으로 채택.

"덕산아, 일어나. 김덕산! 유치원 갈 시간 다 됐어."

내가 글씨는 모르고

현승이는 일찍 잠들고, 책 보는 엄마 곁에 노트와 연필을 가지고 나타난 채윤이. 글자 공부를 하겠답니다. (엄마가 안 시키니까 스스로 시작하는구나! 앗싸!)

유치부 외울 말씀을 써 달래서 써 줬더니 끙끙거리며 따라 씁니다. 그러더니 얼마 쓰지도 않고는 혼자 짜증을 냈다, 신경질을 부렸다 난립니다.

"야, 하기 싫으면 하지 마. 지가 쓴다고 해놓고 왜 이리 짜증이야? 안 해도 돼!"

가슴을 치면서 답답해 죽겠다는 듯이 말합니다.

"그러면, 내~애가…… 글씨는 몰르구…… 글씨를 배울려고 쓰면 이렇게 힘이 들어서 손이 아프구……. 도대체 나더러 어쩌란 말이야!"

그러게. 어쩌면 좋으냐.

14

부부, 그 반석 위에 자녀

~~~~~~~~~~~~~~~~~~~~~~~~~~~~~~~

가정은 부부 중심이어야 하고, 건강한 부부 관계는 아이를 잘 키우는 것보다 더 근본적인 가치다. 좋은 부모가 되기 위해 갖춰야 할 자질을 꼽자면 한도 끝도 없을 것 같다. 자격이 안 되는 부모가 너무 많아 고통당하는 아이들이 많으니 '부모 자격 검증'을 해서 합격한 사람만 아이를 낳아야 한다는 농담을 들었다. 일리가 있다. 그렇다면 부모의 자격 검증에 포함되어야 할 덕목은 무엇일까? 하나하나 따지다 보면 부모의 자격은 결국 인간의 자격 아니겠나. 부모 됨의 자질은 결국 인간 됨의 소양일 것이다. 굳이 부모의 자격 하나를 꼽자면 나는 '사이좋은 부부' 되기를 위한 의무를 다하는 것이라 생각한다. 핑크빛 환상까지는 아니어도 누구나 나름대로 행복한 가정을 그리며 결혼을 한다. 그 꿈이 그리 소박한 꿈이 아니었다는 것을 깨닫기까지 긴 시간이 걸리지 않는다. '사이좋은 부부' 되는 것이 얼마나 많은 정서적, 육체적 에너지를 쏟아야 하는 일인지 우리는 배운 적이 없다. 배운 적이 없어서 실망하고 당황하는 사이 아이가 생기고 부모가 된다. 아기를 사랑하는 일은 성인이 된 남편이나 아내를 이해하는 일보다 덜 복잡한 일이다. 서로를 바라보며 상처받는 대신 함께 아이를 바라보며 팀워크를 이루는 것은 나쁘지 않은 선택 같다. 아이는 구원 투수이고, (자원하지 않은) 피스메이커가 된다. 자연스럽게 가정의 중심은 이제 아이에게로 옮겨 간다.

학령기 아이들의 모든 교육은 '대학 입시'로 통하고, 아이의 성적은 행복과 정비례하며, 공부하는 아이는 삶의 모든 의무에서 열외가 되는 대한민국의 교육 현실. 입시와 공부의 감옥에 갇혀 병들어 가는 아이들 뒤에는 내 아이만큼은 번듯하게 키우겠다는 열성적인 엄마가 있고, 엄마의 열성 배후에는 텅 빈 내면이 있고, 텅 빈 내면에는 학원비 버는 기계로 전락한 남편이자 아빠가 있다. 이 모습이 '대한민국에서 가장 아픈 사람들의 이야기'라는 부제가 달린 책 「대한민국 부모」(이승욱 외 2, 문학동네)라는 책에서 진단하는 우리 사회, 우리 부모들이다.

부모의 사랑과 신뢰 위에서 아이가 자라야 하는데 연약한 아이 쪽에 무게 중심이 옮겨지며 아이도 부모도 모두 아프게 된 결과가 아닐까. 부부 사이에 잘 대화하고 서로의 애정 욕구를 충족시켜 주는 것은 단지 둘이 잘 지내서 마음 편한 데 그치는 것이 아니다. 이것은 자녀들에게 주는 최고의 선물이 된다. 어려서부터 엄마 아빠의 결핍감으로 짐을 지고 자라는 아이, 아이로 자랄 새 없이 어른이 되어 버린 아이를 우리는 '성인 아이'라고 부른다. 아무리 생각해도 좋은 부모가 되는 왕도는 없다. 좋은 엄마가 되려면 좋은 사람이 되어야 하기에 아이와 더불어 매일매일 자라 가야 한다. 아이에게 가장 좋은 환경은 친환경 벽지와 유기농 간식이 아니라 사이좋은 엄마 아빠다. 아이가 어릴수록 아이에게 부모는 '하나님' 같은 존재라고 한다. 왜 아니겠는가. 부모에게 전적으로 의존하지 않으면 살아남을 수 없는 존재로 태어나는 걸. 두 '하나님' 사이의 평화는 아이에게 가장 좋은 선물이며, 그 반대도 가능한 가정이다. 남편의 행복, 아내의 행복을 위해 무엇이라도 감수할 수 있는 부부 사이의 아이는 결국 건강하게 잘 커 나갈 것이라 믿는다. 가정의 중심은 부부다.

엘렉트라 콤플렉스

청년부 수련회에 놀러 갔다 집으로 돌아오는 자동차 안. 아빠가 아무 생각 없이 잔잔한 호수에 돌멩이 하나를 던졌고, 호수는 일렁였고 고문은 시작되었습니다.

"채윤아, 아빠는 세상에서 누구를 젤 사랑하~게?"

"응, 나랑 현승이랑 엄마랑."

"아냐~아. 젤 사랑하는 건 엄마고, 두 번째가 채윤이랑 현승이야."

"흥!"

삐져 버린 채윤이. 한참 말이 없습니다. 그리고 잠시 후 입을 뗐는데, 고문의 시작이란 걸 그때까지 몰랐습니다.

"왜 아빠는 엄마를 젤 사랑하는 거야. 내가 일등으로 좋아야지. 그렇게 말하면 내가 마음이 상하잖아. 다시 말해. 아빠는 누구를 젤 사랑해? 나는 어떻게 하라구~우? 내가 마음이 상했잖아. 다시! 아빠는 누구를 젤 사랑해? 다시! 다시! 다시!"

정답이 나올 때까지 똑같은 질문은 계속되었습니다. 엄마 아빠도 타협할 부분이 아니라 생각하고 진지한 궁서체 모드로.

"채윤아, 니가 아무리 그래도 엄마, 아빠는 세상에서 젤 사랑하라고 하나님이 묶어 주셨어. 사실은 그래야 너도 행복한 거야. 엄마 아빠가 서로 사랑하지 않고 싸우면 채윤이가 행복하겠어?"

잠시 침묵. 다시 시작.

"알았어. 그러니까 다시 대답해 봐. 아빠가 세상에서 일등으로 사랑하는 사람이 누구야? 채윤이라고 해야 내가 마음이 풀리지."

집요하기로는 세상에서 일등입니다.

"채윤이를 젤로 사랑해"라는 말로 슬쩍 넘어가 보려고 합니다.

그런데 호락호락할 리 없습니다.

"그러면, 엄마보다 채윤이를 일등으로 사랑해?"

거짓말하기 싫은 아빠는 끝내 모든 물음에 '띠리리 리리리' 딴 소리로 대답했습니다.

화가 잔뜩 난 채윤이 말을 건넸습니다.

"아빠, 집에 가면
방에 들어가서 나랑 얘기 좀 해야겠다.
얘기할 게 많어."

아빤 집에 가서 죽었다.

오이디푸스 콤플렉스

엄마 얼굴이 10센티미터 정도만 가까워져도 바로 뽀뽀하는 현승이, 그저 엄마 얼굴을 보면 입술이 먼저 튀어 나가요. 뽀뽀하다 보면 부비부비 볼을 부벼요.

> "하~ 부드럽다. 엄마 얼굴 부드러워."

아빠랑 엄마가 조금만 친한 척해도 바로 달려와서 아빠를 두들겨 패면서, "내 꺼야. 엄만 내 꺼야" 하거든요.

토요일 저녁, 책 보고 있는 엄마 곁에 붙어서 뽀뽀하고 볼을 부비고 난리 부르스 3종 세트를 다 하더니만 갑자기 뭔가 생각난 듯 벌떡 일어나면서, "나, 가서 한 대 때리고 올게" 하며 튀어 나갑니다. 설교 준비하고 있는 아빠에게 달려가 주먹으로 다짜고짜 치더니, 단호하게 한마디 해주더군요.

> "내 꺼야."

상상 속에서나
허락해 주는 데이트

방학이라 함께 지내던 아빠가 다시 기숙사로 돌아가자 내내 아빠를 그리워하던 현승이. 진한 그리움을 예술 작품으로 승화시켰습니다. 끙끙거리며 그림 한 장을 그려 냈는데 작품 해설은 이렇습니다.

"엄마랑 아빠가 밤에 카페에서 커피를 마시며 데이트하고 있는 거."

테이블 가운데에는 촛불이 있고, 아빠 쪽 테이블에는 하트가 있군요. (왜 엄마는 하트 안 주고?) 아빠 유령과 엄마 유령은(말로는 아빠 엄마인데, 그림은 그야말로 유령 그대로입니다) 다정하게 데이트를 하고 있습니다.

"엄마 아빠 둘이만 있는 거야? 누나하고 현승이는 어딨어?"

"우리는 할아버지 집에 맡겼어."

"그러면 금요일에 아빠 올라오면 엄마 아빠 둘이 저렇게 데이트해도 되는 거야?"

"아니, 안 돼. 상상만 해서 그린 거야."

그러면 그렇지 오이디푸스 콤플렉스에 물든 부족한 아드님이 이걸 허락해 줄 리가요. 어쩌다 하룻밤 할아버지 댁에 가서 자는 날에는, "아빠, 엄마한테 뽀뽀하면 안 돼. 안아도 안 돼. 내가 없으니까 엄마 옆에서 자는 거는 돼" 이러고 가거든요.

아빠가 비굴하게 선처를 부탁하면, "알았어. 엄마 손은 잡아도 돼" 이러죠.

상상 속에서나마 허락해 준 데이트, 고마워서 눈물 나네요.

이렇게 끝나는 것인가

신학 대학원 기숙사에 있다가 올라온 아빠한테 엄마가 보란 듯이 달려가 안겼습니다.

"채윤아, 이거 봐아~라.
우리는 둘이 사랑한다~아.
세상에서 제일 사랑한다~아."

질투 유발자 엄마 아빠, 정지 화면 유지하며 오버 연기합니다.

눈길도 주지 않고 엄마 아빠 옆을 스쳐 지나가면서, "부럽지도 않고, 이쁘지도 않고, 이상하기만 해"라고 말합니다.

엘렉트라 콤플렉스는 이렇게 막을 내리는 것인가.

천재

엄마 아빠의 대화에 끼어들기.

"바이올린 선생님이 현승이 너무 뛰어나대. 약간 오버가 있으신 것 같긴 한데 천재적이래."

"푸하하……. 천재적? 조금 잘한다는 얘기겠지."

이때 바로 끼어드는 현승이.

"천재는 안 좋은 거야."

"어~ 천재는 천하에 재수 없는 놈이라는 뜻이야."

아, 얼마 만에 들어 보는 초딩 개그인가?

천재 = 천하에 재수 없는 놈

바보 = 바다의 보배

오랜만에 들어 본 유치 개그에 허무한 웃음을 짓는 아빠에게 현승이 또 한 방 날립니다.

"우와, 아빠도 천재다. 천재! 천안에 있는 재수 없는 놈!"

김현승, 천잰데!

무촌에 가까운 일촌끼리의 우정

현승 : 엄마, 왜 엄마랑 아빠는 둘이 같이 자? 어른이라서 무섭
지도 않은데 왜 꼭 둘이 같이 자는 거야?

엄마 : 왜애? 그게 왜?

현승 : (신경질적으로 그러나 슬픔을 가득 담은 목소리로) 나랑 엄마
랑 같이 자면 왜 안 되냐고? 아빠가 그냥 내 침대에서 혼
자 자고.

엄마 : 다른 집도 다 그래. 엄마 아빠가 같이 자고 애들은 자기
침대에서 자.

현승 : 그런데 엄마랑 아빠랑 꼭 같이 자야 되는 건 누가 정한
거야? (도대체!)

엄마 : 엄마 아빠는 둘로 보이지만 사실은 하나야. 결혼하면 한
사람이나 마찬가지야.

현승 : (갑자기 도를 깨친 듯) 아, 그래서 엄마랑 아빠는 무촌이구

나. 엄마랑 나는 일촌이잖아. 누나하고 나는 이촌이지?

엄마 : 그렇지(휴우~ 살았다).

한참 시간이 지나서 쪼르르 엄마 옆으로 다시 와서는,

현승 : 그래도 엄마, 내가 엄마랑 일촌이긴 하지만 무촌하고 거

의 가깝게 엄마랑 친하고 엄마를 좋아하는 거 알지?

슬픈 오이디푸스 콤플렉스는 현실과 타협하며 현승이 마음 깊

은 곳으로 숨어 들어갑니다. 그러나 아직 쿨할 수는 없는 엄마를

향한 마음. 제 방에서 한참 놀다 다시 나왔습니다. 손에는 요즘 특

별히 애정하며 모으고 있는 앵그리버드 배지를 가득 들고요. 하나

고르라고 해서 골랐더니,

"그거 가져.

이건 우리 사이 우정의 선물이야.

잘 간직해야 해!"

무촌에 가까운 일촌끼리의 우정의 징표입니다.

설득력

늦게 들어온 아빠 보고 반색. 두 마리 강아지가 뛰어 나가더니 셋이 넘어져서 거실 바닥에 뒹굴며 낄낄거립니다. 화기애애한 틈을 노려 오이디푸스 콤플렉스에 물든 부족한 아들 현승이, 땡깡이 시작됩니다.

"나 오늘 엄마랑 잘 거야. 아빠 내 침대에서 자. 싫어? 그래도 오늘은 내가 엄마 침대에서 잘 거니까. 왜애! 아빠는 40년 동안 엄마랑 자는데 나는 하루도 못 자냐고~오!"

누나의 훈수, 들어옵니다.

"야, 쫌 설득력 있게 말 쫌 해 봐 쫌! 그게 모야?"

심기일전 현승, (설득력 있게) "아빠는 백 년 동안 엄마랑 자는데 나는 왜 오늘 하루만 자면 안 되냐고~오!"란다.

거참, 논리적이고 설득력 있다.

15

녹취로 쓰는 일기

두 아이가 공부는 못하더라도 꼭 잘했으면 하는 게 있다. '스스로 생각하고 글쓰기.' 커서 어떤 직업을 가지든지 자신이 하는 일에 대해서 의미를 물으며 철학을 가지고 일하고 먹고 사랑하며 살기를 바란다.

좋은 학교, 좋은 성적에는 욕심이 안 나는데 '인문학적인 사람'이 되는 것에는 무한 욕심이 생긴다. 그런데 아이러니하게도 이건 학교에서 절대 가르쳐 주지 않는 것 같다. 아니, 오히려 공교육 안에서 지내는 시간과 이 능력은 반비례할지도 모르겠다. 초등학교에 들어가 학교생활 하는 것을 보니 더욱 그러하다.

그렇다고 이것을 위해서 논술 학원이나 독서 교실을 보내고 싶지는 않다. 책과 친해지는 삶을 살면 좋겠는데 그것도 엄마, 아빠 맘대로 되는 일은 아니다. 제가 좋아서 책을 읽어야지 억지로 시킨다고 되는 게 아니니까.

부모가 책 읽는 모습을 보여 주는 것이 중요하다고들 하는데 그렇게 따지면 우리 집은 최고의 환경이다.

신혼 때부터 거실에는 텔레비전 대신 책과 음악이 있고, 집안에서 밟히는 게 책이고, 엄마, 아빠는 책 읽을 시간을 주면 행복해하는 사람들이다. 그러나 이것도 그리 희망적이진 않다. 나중에 아이들이 "엄마, 아빠 때문에 책이 싫어요. 엄마가 책 좀 읽게 가만 놔두라고 신경질 부리고 그랬어요. 책이 제일 싫어요" 이럴지도 모를 일이다.

학교 들어가기 전에 '용감한 엄마'라는 말을 들으면서도 글자 교육을 시키지 않았다. 채윤이가 스스로 배우고 싶어할 때까지 기다리리라는 마음이었다. 그런데 안타깝게도 스스로 배우고 싶어하는 날은 오지 않았고, 까막눈을 면하지 못한 채 초등학생이 되고 말았다. 그 대가를 톡톡히 치르고 있다. 분명 교과서 진도는 한글 자모를 배우는 것부터 시작하는 것 같은데 그 진도에 맞는 아이가 채윤이 외에는 없는 것 같다. 선행 학습 따위! 하면서 당당했는데 소신 있는 교육은 거저 되는 것이 아니다. 채윤이도 엄마도 소신 교육의 대가를 톡톡히 치르고 있다. 다짜고짜 시작된 받아쓰기와 일기 쓰기가 그렇다.

그림일기 숙제를 하다 보니 이거 정말 속이 터지는 일이다. 그림 그리는 것은 좋아하니까 무엇을 그릴까 생각하고 예쁘게 그리는 것까지는 좋고, 무엇을 쓸지 엄마랑 같이 얘기하는 것까지는 좋은데 "이제 써 봐" 하면 한두 문장의 상투적인 글이 나오고 끝이다.

말로 할 때는 살아서 파닥거리던 언어 표현들이 연필만 잡으면 하나도 나오질 않는다. 왜 그럴까? 글자에 대한 두려움, 위축감 때문이다. 글자로 자신을 표현하려면 신경 쓸 것이 너무 많으니 자유로운 표현이 되질 않는 것이다. 무엇보다 길어 봐야 쓰면서 고생할 것이 뻔하고, 그 두려움이 생각의 길을 막아 버린다.

그래서 방법을 바꿨다. 일단 말로 일기를 쓰게 했다. 쓰고 싶은 대로 말하게 하고 그대로 받아 적었다. 그리고 그것을 쓰게 했다. 받아 적는 게 힘들어서 엄마 자신이 녹음기가 되어 기억을 했다가 한 문장 한 문장씩 녹취를 풀어내기도 한다.

언제까지 이런 식으로 도와줘야 할까? 이렇게 돕는 것이 옳은 방법일까? 글자를 완전히 익히면 좀 나아질까? 일기 쓰면서 늘 강조하는 것이 "글은 말과 같아. 말하는 것처럼, 엄마한테 재밌게 얘기해 주는 것처럼 쓰면 최고의 글이야" 이렇게 반복해서 가르친다.

채윤이의 일기 쓰기를 돕다 보니 어릴 적에 아버지가 내 글짓기 숙제를 도와주셨던 것이 생각난다. 그 시절에는 '반공 선언문 쓰기' 숙제가 그렇게 흔했는데 아버지와 같이 글짓기를 하면서 '유비무환' 같은 말을 배우기도 했다. 그렇게 상도 받고 글쓰기에 재미를 붙여 가며 중학교 때부터는 검사받지 않는 일기를 쓰기 시작했고 그 일기 쓰기가 지금까지 이어지고 있다.

　채윤이 현승이가 무엇을 하든, 어떤 사람이 되든, 정직한 의문을 품을 줄 알고, 스스로 공부할 줄 알고, 글을 쓸 수 있는 사람이 되면 좋겠다. 삶에서 겉도는 글이 아니라 쓰는 대로 살고, 사는 대로 쓰는 살아 있는 글을 쓸 수 있으면 좋겠다.

삶처럼 글쓰기

채윤이 학교를 보내 보니 대학 교육까지 받은 어른들이 왜들 그렇게 글쓰기를 어려워하는지 알 것 같습니다. 학교에서 내 준 숙제를 하다 보면 '글을 위한 글'을 쓸 수밖에 없게 됩니다. 1학년 내내 일기 숙제를 하면서 "채윤아, 글씨는 틀려도 돼. 말이 안 돼도 되는데 솔직한 네 생각을 쓰는 게 가장 중요해. 좋은 글은 네 생각이 드러나야 하는 거야" 귀에 딱지가 앉도록 잔소리를 해댔습니다. 잔소리 효과가 나타나는 것일까요?

주말마다 숙제로 나오는 효행 일기를 쓰느라 쩔쩔맸습니다. 이건 1학년 때부터 늘 있던 숙제이고, 1학년 말에는 효행 일기 상도 받아 왔습니다. 1학년 때는 '부모님 손잡아 보고 일기 쓰기'처럼 구체적인 주제가 주어졌거든요. 무에서 유를 창조하는 것보다 유에서 유를 감각적으로 만들어 내는 것을 잘하는 채윤이에게 적절한 숙제였습니다. 그런데 이번 숙제는 '제목 정하고 효행 일기 쓰기'랍니다. 예를 들어, 부모님 어깨 주물러 드리기, 이불 깔아 드리기 등등이지요.

주말 내내 신나게 놀고 주일 저녁이 되어 숙제를 하려고 펴 놓고는 난감한 표정을 짓습니다. 그 찰나, 아빠가 재활용 쓰레기를 버리러 나가면서 "채윤아, 이것 좀 들어 줘. 같이 갔다 오자" 하니까 야멸차게 "싫어" 합니다. 아빠가 "야, 너 이거 하고 효행 일기 쓰면 되잖아" 하니까 어쩔 수 없이 따라갔다 왔습니다.

그러고는 일기를 썼는데 대충 잘 쓴 것 같았습니다. 재활용 쓰레기를 주제로 한 바닥을 다 써 놓고 "이건 아니"라며 울먹입니다. '효행 일기'가 아니라면서요. 이런 건 효도가 아닐뿐더러 무엇보다 효도의 마음으로 한 게 아니니까 효행 일기가 아니랍니다. 투덜대고 짜증내고 울면서 감정 수습을 못합니다.

"효행 일기가 아니고 재활용 쓰레기 일기라구."

아무래도 안 되겠는지 결국 다 지워 버렸습니다.

"그러면 사실 그대로 써. 니 마음 그대로 쓰면 돼. 꼭 효도를 잘한 것만 쓰는 게 아니야. 잘못한 것을 써도 되는 거야."

그랬더니 다시 정직하게, 있는 그대로 일기를 썼습니다.

2008년 3월 16일 일요일, 맑음

오늘 효행 일기를 쓰려고 했다.

하지만 엄마를 못 도와드렸다.

엄마는 아픈데 못 도와드렸다.

이상하게 아픈데 못 도와드리게 됐다.

왜 그럴까?

생각이 잘 안 나서 효행 일기를 못 쓰고 이런 일기를 썼다.

쓸 때 선생님한테 혼날까 봐 겁이 났다.

채윤이는 써 놓고도 썩 마음에 들어하지 않았지만 엄마가 보기에는 참 좋은 일기입니다. 아이들이 자동으로 숙제가 요구하는 전형적인 스타일을 파악합니다. 그러다 보니 너나없이 비슷하게 글 쓰고 비슷하게 생각하는 게 당연합니다. 채윤이가 비록 숙제로 쓰는 일기라도 자신의 삶을 담은 글, 자신에게 정직한 글을 쓰면 좋겠습니다.

본인 학업에나
충실하셨으면

한글을 잘 모르는 현승이가 한자 읽는 재미에 푹 빠졌습니다.

"경계 계! 빽빽할 삼! 번개 전!"

이러고 잘도 읽어요. 반면 채윤이는 그런 지적인 활동에는 관심이 없습니다. 게다가 한자 읽기로 엄마 아빠 칭찬을 받는 현승이가 부럽지만 자존심이 있지 그딴 걸 따라하고 싶지도 않습니다.

청소를 하다 보니 거실에 종이 쪽지 하나가 돌아다닙니다. 가만 보니 채윤이가 현승이한테 한자 공부를 시킨 흔적입니다. 하하. 아마 저기 있는 한자들, 현승이는 읽어도 채윤이는 못 읽을 거예요. 게다가 뜻도 모르는 저 복잡한 그림을 그리려면 한나절은 걸렸을 텐데요. 채윤이는 오직 '선생님 놀이'를 색다르게 해 보겠다는 신념 하나로, 무엇보다 요즘 누나와의 놀이에 시큰둥한 현승이의 흥미 유발을 위해선 이보다 좋은 미끼가 없다고 여긴 것 같네요. 괴발개발 쓴 한자를 따라서 쓴 둘째 줄 현승이 필체 또한 가관입니다.

김채윤 담임 선생님이 마음에 드셨는지
'검' 사인도 해주셨네요.

알아서 잘하고 있는 동생 한자 공부 신경 끄시고, 본인 하시는 받아쓰기와 두 자릿수 덧셈이나 좀 잘해 주셨으면 좋겠네요.

내 동생

뽀글뽀글 라면 머리 내 동생

잘 때 귀여운 내 동생

아기 척할 때 미운 내 동생

손님 오셨을 때 오보(오버 over)하는 미운 내 동생

아픈 척하는 얄미운 내 동생

아플 때 불쌍한 내 동생

하루하루 살아가는
엄마

채윤이를 낳자마자 갑자기 풀타임 일을 하게 되면서 육아에 관한 계획이 틀어졌습니다. 연로하신 부모님에게 육아의 짐을 지워 드리지 않겠다 했었는데 결국 양가 부모님의 신세를 지고야 말았습니다. 두 아이가 일곱 살, 네 살이 되도록 시부모님과 한 집에 살거나 앞집에 살면서 마음 편한 워킹맘의 삶을 살았습니다. 시부모

님과 완전히 분가하고 채윤이는 학교에 들어갔습니다. 아빠는 늦게 신학 대학원에 입학하여 기숙사 생활을 합니다. 채윤이와 약속한 대로 초등학교 입학 전에 일을 파트타임으로 전환했습니다. 늦게까지 맡길 수 있는 어린이집과 달리 점심 급식을 하고 나면 마치는 초등학교 1학년 채윤이의 방과 후 시간은 온갖 방법으로 채워 엄마의 퇴근 시간과 맞춰야 합니다.

채윤이 24개월쯤 되었을 때 일입니다. 한참 놀이에 빠져 있기에 "채윤아, 엄마 앞에 가게 가서 시금치 좀 사 올게" 했더니 "엉" 하고 대답을 했어요. 말귀 잘 알아듣는 아가였고, 가게가 바로 집 앞이라 얼른 뛰어갔다 왔습니다. 그런데 현관 앞에서부터 아가 채윤이의 비명에 가까운 울음소리가 들렸습니다. 오줌 싸 놓고 무서운 나머지, 할 줄도 모르면서 엄마에게 전화하려고 했는지 수화기는 바닥에 나동그라져 있습니다. 놀란 채윤이만큼이나 놀라서 꼭 안아 주며 달랬더니, "엄마, 엄마 안나(자신을 지칭하던 1인칭 고유 명사) 깜짝 놀랬어"라고 했고, 자라면서도 그날을 잊지 못하던 채윤이입니다. 그 때문인지 초등학생이 된 지금도 집에 혼자 있는 걸 무척이나 무서워합니다. 불과 얼마 전까지 현승이랑 같이 있으면서도 현관 앞에 음식 쓰레기를 버리러 나가지 못하게 했으니까요.

그랬던 채윤이가 1학년 2학기부터는 일주일에 두 번 학교 방

과 후 수업을 마치고 혼자 열쇠로 열고 집에 들어옵니다. 그러고
는 어린이집 마치자마자 집 앞 상가에서 바이올린 레슨 받는 현승
이를 찾아 주고요. 어느 날은 현관 앞에서 만났는데 현승이 짐을
제가 낑낑대며 다 들고 오대요. 이렇게 커 가는 채윤이가 일하는
엄마의 짐을 나누어 지고 있습니다. 고맙기도 하지만 가슴 한 켠
이 묵직하기도 합니다.

채윤이가 혼자 집에 들어오는 날에는 식탁에 편지를 써 놓거나
간식을 준비해 놓거나 돈 천 원을 올려놓기도 합니다. 천 원을 들
고 가게 가서 50원짜리 초콜릿 하나를 사 먹고는 950원을 다시 갖
다 올려놓으면서도 천 원 한 장을 참 좋아합니다.

이렇게 이번 학기는 버틴다지만 다음 학기에는 아이들 오후 시
간에 어떻게 밖으로 돌리다 퇴근 시간에 맞춰서 만날 것인가 벌써
고민입니다. 염려를 앞당겨 와 미리 한다 해도 뾰족한 수가 없는
걸 알면서도요. 이렇게 그저 근근이 살아갑니다. 하루하루 버티
는 엄마는 하루가 다르게 자라고 단단해지는 아이들이 참 고마울
뿐입니다.

2008년 11월 29일 목요일, 맑음

오늘 학교 끝나고 아이클레이를 가야 한다. 그런데 시간이 남아서

기다려야 한다.

그 시간 동안 나는 열쇠로 열고 혼자 집에 와서 있었다.

이런 날은 집에 들어오면 엄마가 식탁 위에 편지와 천 원과 먹을 것을 올려놓는다.

편지에는 내가 열쇠 열고 혼자 들어와서 자랑스럽다고 했다.

그럴 때마다 나는 기분이 좋아진다.

오늘은 엄마가 (편지에) 사진까지 넣어서 엄마가 많이 보고 싶었다.

엄마가 너무 좋아서 특기적성 갈 때도 그 편지를 가지고 갔다.

이제는 집에 혼자 들어오는 게 별로 어렵지가 않다.

마지막 문장 "이제는 집에 혼자 들어오는 게 별로 어렵지가 않다"라는 이 말이 어찌나 든든하게 들리는지요.

오늘 채윤이 일기에 대한 엄마의 한마디 평은
그냥 "고마워"입니다.

16
호모 루덴스, 놀이의 달인 지켜 주기

～～～～～～～～～～～～～～～～～～～～～～～～～～～～

채윤아, 네가 아기였을 적 엄마의 퇴근길 이야길 해줄게. 회사와 집이 아주 멀었어. 지하철 역 주차장에 차를 놓고 다시 지하철을 타고 출퇴근하곤 했단다. 퇴근길에 지하철에서 내려서 주차장까지 가는 길, 여유 있게 걸어 본 적이 없어. 아주 급한 일을 보러 가는 것처럼 하이힐을 운동화 삼아 또각또각 엄청나게 뛰었단다. 최대한 빨리 채윤일 만나고 싶어서였지. 할아버지 댁에 있는 채윤이를 찾아 집으로 가서 놀고 싶은 마음. 채윤이와 블록 놀이며 까꿍 놀이를 할 생각에 다다다다 뛰는 발걸음 못지않게 심장 박동도 빨라졌단다. 정말 설렜어.

채윤이가 잠들기 전까지 1분이라도 더 많이 놀고 싶어서 아빠랑 급히 저녁을 때우고 들어가기도 했단다. 방 안 가득 장난감을 흩트려 놓고 그림책을 읽다 노래를 하다 결국 아빠의 기타에 맞춰서 춤을 추던 그 시간, 엄마 생애 가장 행복했던 한 장면이야.

처음엔 놀아 준다고 생각했던 것 같아. 24시간 채윤이와 함께 있지 못하는 죄책감에 '함께 있는 시간만큼은 혼신의 힘을 다해서 놀아 주자'였어. 어느새 엄마 아빠가 그저 그 순간을 즐기고 있었어. 엄마가 존경하는 마르바 던(Marva J. Dawn) 할머니가 쓰신 『고귀한 시간 낭비, 예배』(*A Royal Waste of Time*, 이레서원 역간)라는 책이 있어. 감히 그 제목을 흉내 내 '고귀한 시간 낭비, 채윤이와 놀기'라고 말할 수 있을 것 같아. 더 귀하게 느껴지는 이유는 그렇게 놀 수 있는 시간이 엄마 인생에서 길지 않았다는 거야. 금세 너는 혼자 집중해서 놀 줄 알게 되었을 뿐 아니라, 동생 현승이가 태어나면서 우리만의 시간을 가질 수도 없게 되었지. 그런데 금방 또 현승이와 채윤이만의 놀이마당이 생기더라. 너희의 놀이에 엄마가 끼어들 자리가 없는 것 같았어. 엄마는 그저 가끔 물감을 준비해 주고, 주말에 놀이터 나가서 경호원 노릇 정도 해줄 뿐이었지.

너에게는 세상 모든 것을 놀이로 바꿔 버리는 힘이 있지. 놀라운 능력이야. 눈에 띄는 모든 것은 살아 움직이는 친구가 되고, 한 번 마주쳤던 어떤 사람도 채윤이의 놀이 인생에서 그냥 흘려보내질 않았지. 집안의 모든 가구와 그릇과 빨래와 이불과 우산과 책까지도 채윤이의 손이 닿으면 살아 움직이는 것 같았어. 유치원 선생님, 친구 엄마, 소아과 의사 선생님, 길에서 과일 파는 아저씨의 말씨와 행동은 완벽 재현이었고. 그 무수한, 끝없는 놀이를 엄마가 다 기록할 수도 없었단다. C. S. 루이스라는 분은 "노는 것은 천국에서 아주 중요한 일이다"라고 말씀하셨어. 그 말대로라면 내가 아는 사람 중에서 천국을 최고로 잘 누릴 아이는 채윤이야.

그런 채윤이의 엄마로서 어려운 지점에 설 수밖에 없는 때가 오더라. 잘 노는 너를 계속 놀게 하는 것이 쉬운 일이 아니었어. 네가 일곱 살이 되었을 때, 친구들은 이미 한글 공부와 숫자 공부를 시작했고, 학교에 입학했을 때는 한글은 물론 웬만한 1, 2학년 수학은 다 뗐더구나. 엄마는 그런 공부를 미리 시키지 않겠다는 생각도 있었지만 일단 너의 노는 시간을 빼앗을 수 없었어.

초등학생이 되어서도 마찬가지였어. 숙제만 겨우 해도 네 생명과도 같은 놀 시간이 줄어서 안타까운데 그 이상 무엇을 시킬 수가 없더라. 엄마는 내심 '이렇게 잘 노는 아이들이 나중에 머리가 트여서 공부를 더 잘하게 된다'는 신화를 만들어 내고 싶기도 했어. 그런데 신화는 네 놀이 속에서 찾을 수 있는 거였어. 게다가 놀이로 다져진 채윤이의 인격적인 근육은 학교라는 틀에 잘 맞춰지질 않는 것 같았어. 왜 계속 앞만 보고 앉아 있어야 하는지, 쉬가 마려운데 왜 쉬는 시간까지 기다려야 하는지, 구구단을 왜 달달 외워야 하는지. 많은 것이 채윤이에겐 어려운 일이 되고 있더구나.

엄마는 갈등이 됐어. 내일의 행복을 위해서 오늘의 행복을 볼모 잡히는 것, 먼 대학 입시를 위해서 영어와 수학의 기초 다지기 공사를 하느라 놀지 못하는 초딩이 되는 것. 이런 방식으로 너를 키우고 싶지는 않았거든. 그렇게 생각하니까 '놀이의 신' 채윤이를 지켜 주겠다는 선택은 세속의 가치와 정면으로 충돌하는 것이 되더라. 공부로 줄 세우는 세상을 거꾸로 살아가야 하는 것이고, 돈 많이 벌고 사람들이 우러러보는 어떤 직장들은 아예 포기하라고 하는 것과 같았어.

늘 깊이 고민하고 생각하면서 호모 루덴스(유희하는 인간) 채윤이를 지켜 주기로 했단다. 그러기 위해서 포기해야 할 것이 많겠지만 아무리 생각해도 이건 가치 있는 선택이야. 천국에서 가장 중요한 일 중 하나가 '놀이'라잖아.

채윤이가 고학년이 되고 중·고등학생이 되면서 어쩌면 힘들어할 수도 있겠다 싶어. 오직 공부로 줄을 세우는 학교와 사회에서 공부에 목숨 걸지 않는 대가를 치러야 할 때도 있다는 거지. 쉽게 말하면 성적으로 너 자신을 평가하면서 위축되거나 두려워하지 말아야 한다는 거야.

사실을 말하자면 엄마는 자신이 없어. 채윤이가 자랄수록 다른 엄마들과 마찬가지로 성적으로 너를 줄 세우고, 단지 성적 때문에 너를 혼낼지도 몰라. 무엇보다 마음 깊이 '내가 정말 채윤이를 잘 키우고 있는 것일까?' 두려움에 사로잡힐 때도 있을 거야. (지금도 사실 늘 조금씩 그렇거든) 그러나 한편 전 존재를 불태워 놀 수 있는 채윤이 안의 창의력과 삶을 향한 긍정적 에너지를 믿어. 지금, 여기를 누구보다 즐겁게 지낼 줄 아는 채윤이가

너 자신이 되는 참된 행복을 지켜 나가리라는 것을. 그리고 그 길에는 누구

보다 우리가 행복하길 바라시는 하나님이 손잡고 걸어 주신다는 것을.

　호모 루덴스, 채윤아! 너의 신나는 놀이 인생을 응원한다.

포기할 수 없습니다

"현승아, 그럼 이제 무슨 놀이 할까? 선생님 놀이 할까? 니가 선생님 할래? 그래? 그러면……. 다른 거 뭐할까?"

몸이 달아 설득해 보지만 이미 현승이의 놀이 에너지는 바닥인 듯합니다. 누구라도 놀이의 신 채윤이의 에너지를 감당할 수는 없습니다.

"나 안 놀아. 엄마, 나 우유 마실래."

놀이의 파장을 알리는 현승이의 한마디입니다. 그리고 현승이는 우유를 마십니다. '그래서 안타깝게도 채윤이는 놀이를 더 할 수 없게 되었답니다'가 이야기의 끝이 아니랍니다.

현승이가 식탁으로 이동하는 사이 방으로 뛰어 들어가 수첩과 볼펜을 들고 나온 채윤이. 현승이도, 엄마도, 그 누구도 관심이 없는 가운데 혼자 식탁 옆에 무릎 꿇고 앉아서 패밀리 레스토랑 알바생이 됩니다.

"손님, 쥬문 도와드리겠씀미다~아. 네~에……. 어린이 세트 하나 하구요. 네, 네……. 식사 준비해 드리겠씀미다. 좋은 시간 되십쏘~오."

아무 반응 없이 우유를 마셔도 됩니다. 그 누구도 답하지 않아도 좋습니다. 식탁 앞에 앉아 있어 주는 것만으로 놀이는 가능하니까요.

현승이가 전 같지 않습니다. 시키는 대로 다 하던, 반인반형(반은 사람 반은 인형)이 더 이상 아닙니다. 조금만 맘에 안 들면 다 깽판 치고 가 버립니다. 그렇다고 놀이의 신을 저 버릴 수 없는 채윤이는 나름의 새로운 세계를 만들어 가야 합니다.

현승이의 바이올린 연습을 봐주는 엄마, 그 옆에 다시 수첩과 볼펜을 든 호모 루덴스 채윤이가 등장합니다. 식사 주문 받으러 온 알바생이라굽쇼? 아닙니다. 피아노 반주를 해주는 엄마 옆을 비집고 앉습니다. 수첩에 뭔가를 적으면서 1인 2역으로 막 대화가 시작됩니다.

"얘는 어때요? 괜찮게 하죠?"

"다음 애도 보죠."

바이올린 콩쿠르 심사 위원 두 분이 등장하신 것이죠.

어떤 상황에서도
놀이는 포기할 수 없습니다.

책, 놀아 주는 여자

텔레비전도 없고, 거실은 온통 책으로 둘러싸인 도서관 같은 집입니다. 이런 집에서 책을 안 읽기도 힘들 것 같은데, 채윤이는 참으로 책 읽는 것에 관심이 없습니다. 아니, 책을 읽을 시간과 여유가 없다고 해야 맞겠네요. 눈뜨면 놀 게 천진데 따분하게 책에 갇혀 있을 필요가 없지요. 말은 제일 안 듣지만 그래도 제일 쓸 만한 놀잇감인 현승이가 잠들고 마땅한 놀이도 안 떠오르는지 책을 다 들고 읽습니다.

몇 분 엄마와 나란히 앉아 책을 보는가 싶더니 오디오 리모콘을 급히 찾네요. 듣고 싶은 음악이 생각났나 보다 싶었습니다. 한참 책에 빠져 있다 옆을 보니 음악은 안 틀고 리모콘을 들고 중얼중얼거립니다. 아, 독서를 하더라도 단지 책만 읽는 그런 밋밋한 삶은 결코 살지 않는 채윤입니다. 책을 한 권 읽고, 바로 다른 책을 읽는 것이 아니라, 책 뒤표지 바코드에 리모콘을 대고는 '띡, 띡' 하고 찍은 다음에, 아주 작은 소리로 (엄마한테 들키는 건 뭣했나 봅니다)

"예, 언제 빌려 갔었죠? 네, 일주일인 거 아시죠?"

"음⋯⋯. 책 제목이⋯⋯. 네⋯⋯, 됐습니다. 가져가세요."

도서관 사서 빙의였습니다.

다 읽고 반납하고, 반납하는 책도 셀프로 받고, 다시 대출하고 한 권 읽고…….

독서가, 애서가, 놀서가.

첫 시험

채윤이가 처음으로 시험을 봤습니다. 학교 들어가기 전에 도대체 공부란 걸 안 해 본 어린이입니다. 집에서도 안 시켰지만, 글자 공부나 산수 같은 초등 선행 학습은 아예 하지 않는 유치원만 골라서 다녔습니다. 그러니 시험을 준비하는 데 막막할 뿐이었습니다. 어렵사리 시험공부 흉내만 내는데도 엄마는 혈압이 막 올라갔습니다.

시험을 치고 와서는 "엄마, 시험이 너무 쉬워. 모르는 게 하나도 없어. 다른 애들은 다 선생님한테 물어보는데 나는 하나도 안 물어보고 했어"랍니다. '됐다! 선행 학습 다 필요 없어. 그때그때 하면 되는 거야. 김채윤, 너 그럴 줄 알았어' 올백 맞아 오는 건 아닌지 기대가 막 부풀어 올랐습니다.

결과는? 모든 문제를 이런 식으로 풀어놨군요.

7. 다음 중 가족 행사는 무엇입니까? ······ (4)
① 아버지 생일 ② 운동회 ③ 크리스마스 ④ 개천절 ⑤ 석가탄신일

슬기로운 생활 7번 문제. 어려운 문제도 아니고 이해력이 없는 애도 아니고 '아버지 생일'을 놔두고 '개천절'을 우리 집 행사라고 하다니요. 그것도 전도사 딸이 단군 할아버지가 나라 세운 날을 가족 행사로 쓰다니요. 시험지를 놓고 물었습니다. 개천절이 어떻게 우리 가족 행사냐고.

"나느~은, 개천절 날 학교 안 가고 놀았으니까,
가족 행사인 줄 알았지.
개천절 날 할아버지, 할머니하고 남한산성도 가고
식당에서 밥도 먹고 그랬잖아.
그래서 그랬지."

아, 그러고 보니 채윤이 '아버지 생일'은 아무 날도 아니었습니다. 신학 대학원 기숙사에 있다 주말에만 올라오는 아빠의 생일에

는 가족 행사 없이 그냥 지냈군요. 그럼, 이 문제 맞게 해줘야!

공부 잘하는 채윤이

"엄마 그런데~에 나 우리 선생님이 공부 잘하게 생겼대."

야, 이게 웬 기분 좋은 소식이란 말입니까? 우리 채윤이가 공부를 잘하게 생겼다고 다른 분도 아니고 선생님이 말씀하셨답니다. 채윤이가 담임 선생님과 개인적으로 소통하는 일이 있을까 싶었는데 개인적으로 한마디 들었다는 것도 너무 기분이 좋고요. '맞아. 얘가 아직 공부 머리가 안 트여서 그렇지 고학년 가면 공부를 잘할 타입이야. 선생님도 알아보신 거야.' 이러면서 입가가 올라가 귀에 붙을 뻔했습니다.

고상한 엄마 체면에 대놓고 좋아하기는 좀 그렇고. 마음에 담고 있다가 아빠한테만 살짝 얘기해 주었어요. 아침에 학교 가는 채윤이에게 아빠가 슬쩍 물었습니다.

"채윤아, 니네 선생님이 너 공부 잘하게 생겼다고 하셨다며? 언제 그러셨어?"

"글쎄, 급식 먹은 거 치울 때였나? 집에 올 때였나? 잘 모르겠어."

"어떻게 말씀하셨는데?"

"응……. 너는 참 공부를 잘하게 생겼는데……, 이렇게."

아, 그렇군요.

'너는 하는 짓 보면 공부를 잘하게 생겼는데…….' 이거였습니다.

그렇죠. 채윤이가 공부를 잘하게 생기긴 했죠.

동네 노는 언니

여름 방학, 아침 여덟 시가 조금 넘으면 특별한 알람이 울립니다. 베란다 바로 밑에 동네 꼬마들 모여서 "채윤이 언니, 채윤이 누나~아" 합니다. 일찍 일어난 녀석들이 줄넘기 들고 밖으로 나와서 대장님을 깨워 모시려는 소리입니다. 이 소리에 동네 노는 언니, 후다닥 일어나 "엄마, 나 나가서 줄넘기 하고 올게" 하고 눈곱도 안 떼고 뛰어 나가십니다.

들어와 아침 식사를 하고, 피아노 연습 좀 하노라면 베란다 앞이 또 시끌벅적합니다. "채윤이 언니! 언니, 피아노 언제 끝나?" 부하들의 애타는 소리에 하농을 치는 채윤이 손은 메트로놈 200을 육박하면서 빨라지고, 꼬붕 현승이는 베란다에 붙어서 실시간 중계를 맡습니다. "이제, 소나티네만 치면 끝나. 이거만 끝나면 엄마가 나가도 된대."

다섯 살부터 아홉 살까지의 아파트 아이들을 모두 거둡니다. 하루에도 수차례 목 놓아 부르는 "채윤이 언니~." 이 언니는 다른 언니들과 다르게 학원도 안 가고 하루 종일 노는 것이 꼭 유치원생 같습니다. 자전거 부대를 이끌고 옆 동네 아파트까지 진두지휘하며 누빕니다. 이들의 삶의 방향, 즉 놀이의 방향을 제시하는 비저너리(visionary)라고나 할까요?

동네에서 채윤이 친구들은 찾아볼 수가 없습니다. 친구들은 모두 학원에 갑니다. 어떤 엄마가 내게 물었습니다.

"언니는 애가 그렇게 놀고 있으면 속이 안 터져?"

"노는 걸 젤 좋아하는 애가 노는데 속이 왜 터져?"라고 했더니 이해할 수 없다는 표정을 지었습니다. 저렇게 노는 걸로는 속이 터지지 않습니다. 시험 점수를 받아 올 때, 그때 속이 터지지요. 나름대로 채윤이도 매일 피아노 연습 하고, 영어 듣기도 하는데……. 그리고 일기는 꼬박꼬박 쓰고.

아홉 시가 넘도록 쩌렁쩌렁한 목소리로 아홉 살 이하 애들을 끌고 다니면서 놀이에 몸을 던지는 김채윤에게 일단 박수를 보냅니다.

열 살 아이는 밖에서 밤이 되도록,
배가 고프도록 뛰어 놀아야 하는 겁니다.

과학 60점, 국어 68점, 수학 88점, 노는 거 100점 만점에 200점.
김채윤, 파이팅!

이사 파티

이사를 앞두고 마음이 분주합니다. 채윤이 학교 청소하러도 가야 하고, 현승이 유치원 참여 수업도 겹쳤습니다. 채윤이는 전부터 혼자 계획해 놓고 혼자 추진해 온 일명 '이사 파티'에만 정신이 팔려 있습니다. 초대장을 만드네, 메뉴를 정하네 하는데 정작 그게 다 엄마 몫입니다.

아무리 해도 시간은 물론 몸과 마음의 여유도 없습니다. "채윤아, 이사 파티 그거 안 하면 안 될까? 아무래도 무리야" 하니까 현승이는 바로 "그래, 엄마가 너무 힘들잖아" 하는데 채윤이는 결코 포기하지 않을 기세로 달려듭니다.

"엄마, 애들을 생각해 봐. 애들이 얼마나 기대를 하고 있는데!

내가 엄마 떡볶이 잘한다고 다 말했단 말이야. 그냥 현승이 참여 수업 안 가고 파티 하면 안 돼? 주일에 목자 모임 안 하면 안 돼?"

결국 버럭 엄마 아빠한테 "넌 어찌 니 생각만 하냐!"고 한 소리 들었지요. "알았어. 그러면 초대장 대신 사과의 편지를 쓸게" 하며 고개를 떨구더군요.

여름 방학에는 아침 여덟 시부터 만나서 캄캄해질 때까지 놀던 사이, 아파트 저학년 아이들이 놀아야 할 방향을 제시하고 이끌던 놀이 멘토 채윤이 언니가 그냥 떠나서는 안 되겠지요. 무리가 되더라도 강행해야겠습니다. 아, 맞아요. 이건 꼭 해야 합니다. 결국 자전거 부대 아이들 다 모여서 떡볶이 먹고, 장기 자랑 하고 흥겨운 파티를 했네요.

이 삭막한 아파트 단지 안에서
놀이로 공동체를 일궈 낸 너희,
지켜보는 것만으로도 즐거웠다.
꼬마 친구들, 안녕!

시험 성적

과학 단원 평가를 보고 와서 "쉬웠다, 모르는 게 없었다"라고 말했습니다. 그 말에 엄마는 다시 기대 만땅입니다. (몇 번을 더 속아야 난 네게 속지 않을지)

'우리 채윤이 언젠간 올백을 맞아 올 거야. 글자를 안 가르친 탓에 학교 공부에 적응이 늦는 거지, 공부를 못할 리가 없는 아이야.'

학교 다녀와서 단원 평가 점수 공개, 두둥~

"엄마, 앞 페이지에 열 문제, 뒷 페이지에 열 문제였는데. 앞에서 다섯 개 틀리고, 뒤에서 한 개······" 랍니다. 속으로 '그래, 백 점일 리 없지' 했습니다.

"잘했네. 여섯 개밖에 안 틀렸네."

그나마 안도의 숨을 내쉬었습니다.

"아니, 뒤에서 한 개 맞았다고!"

그럼······ 저, 점수가 어떻게 되는 거야?

저녁 식사를 하면서 이 비보를 아빠에게도 전했습니다.

"그, 그럼······ 점수가 몇 점이야? 채윤아, 괜찮아?"

"응, 안 괜찮지. 그러니까 엄마 다음에 그런 거 볼 때는 나한테 공부 좀 시키는 게 좋을 것 같애. 아빠가 시켜 줘도 되고."

수년 전, 혹시 우리가 천재 딸을 낳은 건 아닐까 설레다 못해 두려워했던 엄마 아빠는 식탁에서 일어나지 못하고 사망의 음침한 골짜기를 헤맵니다. 그러는 동안 일곱 살 동생을 데리고 방에서 노래를 하고 춤을 추고 떠들썩 난리가 났습니다. 잠시 후 분장까지 하고 나와서 내러티브가 있는 노래와 춤, 종합 예술 퍼포먼스를 보여 주었습니다. '그래, 점수가 뭐 대수냐. 다음번에 공부를 좀 시키면 되지! 나는 잘 키울 수 있다, 딸이 보장한단다.'

성적이 뛰어날 필요는 없지만 학교라는 곳이 일단 공부를 못하면 정당한 대접을 받을 수 없는 곳임을 알기에 시험공부를 시켰습니다. 며칠을 시켰습니다. 의미를 파악하지 못하거나, 무엇보다 재미가 없으면 도통 외우지 못하는 아이를 붙들고 '묻지 마 외우기'로 주입했습니다. 잎의 구조, 달의 모양, 리터와 밀리리터, 주장하는 글쓰기, 열이 나도록 공부했습니다. 그리고 결과는!

남편과 둘이 허허허 웃으면서 "당신, 솔직히 말해 봐. 어렸을 때 공부 못했지?" 하면서 근본적으로 채윤이의 학습에 대해 다시 생각해 보기로 했습니다. 채윤이가 정말 잘할 수 있고 즐겁게 할 수 있는 걸 하도록 해야겠습니다. 그렇게 힘들어하는 영어 학습지도 그만둬야 할까 싶었습니다. 듣기 말하기를 자연스럽게 잘하는 아이가 책상에 앉아 언어를 배우는 건 아닌 것 같습니다. 아빠와 이렇게 의논하고 월요일 가정 예배 시간에 채윤이와 함께 얘기 나누고 기도했습니다. 자기 전에 주방을 정리하고 있는데 편지가 하나 놓여 있네요.

> 엄마에게
> 엄마, 엄만 모를 거야. 내가 얼마나 힘든지.
> 사실 나 그동안 참고 참고 했어.
> 하지만 이젠 너무너무 힘들어.
> 사실 엄마 내가 그렇게 힘들어하는지 잘 모르지?
> 하지만 난 지금 너무 힘들어.
> 난 언제나 즐겁게 살고 싶어.
>
> 2010. 2. 17. 채윤이

언제나 즐겁게 지내고 싶은 뜻을 100퍼센트 받아들여 영어를 끊었습니다. 오후 내내 마음이 심란합니다. 채윤이에게 화가 나기도 합니다. 도대체 내 딸이 왜 공부가 안 될까? 엄마의 심기를 알아챈 채윤이가 도대체 뭣 때문에 화가 난 거냐고, 친절해지라고 경고를 합니다. 그런 태도에 더 화가 나 인신공격적인 발언을 하다가 솔직하게 말했습니다.

"실은, 엄마가 너를 잘 키우지 못할까 봐 걱정이 돼. 네가 너무 힘들어해서 영어를 끊기는 했지만 네 친구들은 수학 학원, 영어 학원 장난 아닌데 그나마 너는 집에서 하던 영어까지 안 하게 됐으니 걱정이 되는 게 사실이야. 이러다가 내 딸이 나중에 커서 정말 좋아하고 잘할 수 있는 일이 있는데, 그거 배우려면 대학교에 가야 하는데, 공부를 못해서 못 가면 어떻게 하나? 이런 걱정이 돼서 그래.

그렇지만 엄마는 지금 채윤이가 행복한 게 제일 중요하다고 생각하거든.

그래서 결정했지만 마음은 힘들어. 하나님이 채윤이한테 주신 달란트가 있는데 그걸 잘 닦으려면 노력해야 하는데 힘든 건 안 하려고 하는 게 아닌가 싶어서 말이야."

채윤이 홀쩍이면서 이럽니다.

"엄마, 그러면 내 달란트를 잘 쓰게 해줘야지. 피아노 연습만 하라고 하고 내가 치고 싶은 거는 못 치게 하잖아. 저번에 애들이나 치는 거 친다고 뭐라고 했잖아. 그게 애들이 치는 게 아니라 내가 그냥 좋아서 치고 싶은 거였다고. 내가 좋아하는 걸 마음대로 칠 수 있게 해줘. 그리고 엄마, 엄마는 잘 키울 수 있어. 내가 영어는 끊었지만 좋아하는 걸 위주로 해서 학원이나 이런 데 보내서 가르치고 그러면 잘 키울 수 있을 거야. 원래 엄마가 애들을 잘 키우잖아. 그러니까 너무 걱정하지 말고, 마음 풀고 친절하게 대해 줘."

갑자기 상담을 받은 느낌이 들더군요. 내 우울감의 원인 제공자가 바로 상담자로 변신하니 우울에 혼란스러움까지 겹쳐서, 거참 묘한 기분입니다.

엣지녀 부려 먹기

키며 외모가 한껏 자라서 제법 어른스러워진 김채윤 씨. 겉만 보면 사춘기 머지않은 모습인데 내면에는 아직 그분이 살아 계십니다. 세 살부터 주욱 함께해 오시던 그분, 그분은 이제 주변 사람들이 눈치채지 않게 살짝살짝 다녀 가시고, 그분이 강하게 임하실 때는 조용히 자기 방에 들어가 문을 닫고 임재에 응하곤 합니다.

배가 아파서 거실에 누워 있는데 "엄마, 괜찮아? 엄마 얼굴이 하얘. 괜찮아?" 걱정하며 엄마 주위를 맴돕니다. "엄마 추우니까 네 이불 좀 갖고 올래?" 했더니 "알았어, 엄마." 근심 가득한 얼굴로 방으로 가 이불을 들고 나오다가 분홍색 이불을 끌고 나오는 자신의 모습이 베란다 창에 비친 걸 본 것입니다. 바로 그 순간 그리스 신화의 여신이 강림하셨던 것. 턱을 치켜들고, 가슴을 쭉 내밀고, 엉덩이를 빼고 에스라인 만들더니 0.0001초 동안 창문 속의 여신을 향해서 한마디 알 수 없는 말을 던지고 이내 걱정 모드로 달려와 이불을 덮어 주는 것. 0.0001초 동안 임하신 그분을 배 아픈 엄마는 목격하였고, 웃음을 참다가 배 아픈 게 나아 버린 것 같아요.

그분의 강림이 빈번하신 엣지녀에게는 이런 식의 접근이 필요합니다. 밥상을 차리며 분주한 날에 "채윤아, 식탁에 수저 좀 놔줘" 이런 방식은 집어 치워야 합니다. 먹히질 않는 거죠. 대신, "김채윤 씨, 식탁 세팅 좀 부탁합니다" 이러면 바로 콜!

귀차니스트 아빠는 식사 중에 "채윤아, 아빠 밥 쪼금만 더 퍼다 줄래?" 이러시는데, 이거 역시 버려야 할 구닥다리 어법입니다. 적어도 엣지녀를 부려 먹으려면 말입니다. 그런 경우, "아가씨, 여기 밥 좀 뤼필해 주세요" 이게 정답이지요. 기억해야 합니다. 그분과 더불어 살아가는 그녀의 노동력을 빌려 쓰고 싶다면 말입니다.

17

내 속에서 나온 아롱지고 다롱진 것들

～～～～～～～～～～～～～～～～～～～～

돈가스를 먹자니 느끼하겠고, 쫄면을 먹자니 식사로서의 무게감이 부족하겠다 싶은 때가 있다. 이럴 때는 모든 종류의 음식을 한자리에서 시켜 먹을 수 있는 푸드코트가 '딱'이다. 이 둘을 한꺼번에 시켜서 네 것 내 것 없이 나눠 먹을 때의 충족감. 생김새는 비슷하지만 속은 아주 다른 남매를 키우는 맛이 딱 그것이다. 같은 배 속에서 나왔는데도 이렇게나 다른 기질을 타고 났다는 것이 신기하다. 그런 외손주들을 바라보시며 친정 엄마가 그러신다. "그런 것이여. 한 배 속에서 나와도 어떤 놈은 아롱지고, 어떤 놈은 다롱진 것이여. 그눔들 참. 허허허." 전혀 다른 기질을 가진 아이들과 함께하는 일상은 예기치 않은 웃음이 되기도, 천근만근 근심의 나날이 되기도 한다.

　두 아이와 함께 강변으로 자전거를 타러 나간다. 출발하기가 무섭게 채윤이의 자전거는 바람처럼 달려 나가서 금세 시야에서 사라진다. 현승이의 자전거는 앞으로 나가는 듯싶다가 어느새 보면 다시 곁에 와 있다. 한참 앞서 가나 싶으면 길 한쪽에 한 다리로 땅을 짚고는 뒤를 돌아보며 천천히 걸어가는 엄마를 기다리고 있다. 바람을 가르며 금방 눈앞에서 사라진 큰아이는 지금 이 순간을 즐기는 쾌락주의자(Epicurean)다. 낯선 것을 향해 거침없이 나아가는 모험가의 면모도 보인다. 반면 그녀의 동생은 금욕주의자(Stoic)다. '재미'가 아니라 '의미'를 찾아 움직이는 사색가이고, 앞을 향해 나아가는 것보다 중요한 것이 주변을 세세하게 돌아보고 느끼고 공감하는 것이다. 말이 좋아 이렇고, 엄마 입장에서 한마디로 정리하면 큰아이의 거침없는 에너지가 버거우며 걱정스럽고, 작은아이의 깨알 같은 꼼꼼함이 답답하다.

서로 다른 두 아이의 장점이 눈에 띌 때는 속에서부터 올라오는 과도한 자부심에, 그 반대일 때는 금세 어깨를 찍어 누르는 무거운 근심에 압도된다. 아이가 나를 닮아서 좋다, 다행이다 하는 경우는 많지 않은 것 같다. 반면 아이에게서 발견되는 나의 극복하지 못한 약점들은 훨씬 크게 보인다. 날 닮아 잘못될까 봐 두려워서 날카로워진다. 그 두려움은 으레 무력한 아이에게 폭풍 같은 분노로 쏟아 부어지곤 한다. 때문에 아이들의 성장은 반드시 엄마(아빠)의 처절한 자기 직면을 담보로 한다. 아이에게 비친 내 모습의 그림자를 인정하지 않는 한 아이를 있는 그대로 바라볼 수 없기 때문이다. 아이를 온전히 사랑하기 위해서 엄마인 내가 내 그림자를 인정하고 보듬어 안으려는 노력을 멈출 수가 없다.

아롱지고 다롱진 두 아이의 기질을 관찰하고 기록하는 것은 내 안의 아롱지고 다롱진 것들과 화해하는 여정이 된다. 그리고 이것은 스캇 펙이 말하는 바 "아직도 가야 할 길"일 뿐이다. 육아(育兒)는 육아(育我)라고 했던가. 나를 닮은 내 아이에게 비친 내 안의 아롱지고 다롱진 모습을 허허롭게 웃으며 바라볼 수 있을 때까지 자라 가는 여정이 육아의 여정이기도 하다. 한 배 속에서 나왔으나 그렇게도 다른 아이들을 하나님이 주신 종합 선물 세트려니 믿으며 오늘도 엄마의 길을 간다.

흥분하면 지는 거다 1

엄마랑 채윤이랑 현승이랑 급하게 집을 나서는 길. 숲보다는 나무를 잘 보는 채윤이는 눈앞만 보고 움직이기 일쑤입니다. 당장 자기 신발 신는 데만 몰두한 나머지 여지없이 엄마에게 한 소리 듣습니다. "김채윤, 뒤에 나오는 사람도 생각해야지" 이게 발단이었죠.

현승 : 누나, 생각 좀 하라고~오. 머리가 있으면 생각을 좀 해.

채윤 : (완전히 어이없는) 진짜······. 엄마! 김현승이 지가 인제 많이 컸다구 자꾸 나한테 말대꾸하고 나를 속상하게 해. 김현승! 너~어, 너만 크는 거 아니거든. 나도 지금 막 크고 있거든. 나도 계속 크고 있어서 쫌 있으면 사춘기 될 거거든. 너어, 내가 사춘기 되면 막 너한테 상처 주는 말하고 그럴 거니까. (씩씩, 콧김 푹푹) 진짜, 미운 김현승. 이 빼빼로 같은(으아~ 빼빼로) 갈비씨야! (마침 빼빼로 데이에 학교에서 빼빼로를 왕창 받아온 김채윤, 자기 입에서 나온 빼빼로라는 말에 급 기분이 좋아져서 표정이 밝아짐)

현승 : (현관 나오면서 딱 한마디 하고 1층 내려갈 때까지 어마어마한 협박을 들으면서도 눈도 깜짝하지 않고 있다가) 이 뚱뚱보 비만

아! (라는 한마디로 '빼빼로' 생각에 기분 좋아졌던 누나를 다시

열 받게 함)

채윤 : 진짜, 너 완전 어이없다. 나 이젠 살 다 빠졌거든. 엄마,

진짜지? 나 이제 안 뚱뚱하지? 어쩌고저쩌고.

(안타까운 건 채윤인 80도 이상의 고열로 뚜껑이 열렸다 닫혔다 하

는데 현승이는 눈도 깜짝 안 하고 있다는 것)

그러면서 버스를 탔고, 교회 앞에서 엄마가 미친 듯이 달리면

서 몸 개그를 보여 주는 것으로 쿨한 채윤이 맘이 풀렸습니다.

채윤아, 먼저 흥분하는 사람이 무조건 지는 거야.

티슈남과 당찬녀

채윤이 단원 평가, 현승이 받아쓰기 시험 점수를 합하면 딱 100점

이라는 사실을 확인한 순간이었습니다. 사실 그렇게 많이 속상한

건 아니었습니다. 채윤이, 그래도 그녀는 행복했으며 현승이, 받

아쓰기야 공부 안 해가면 빵점도 가능한 거니까요. 많이 속상하진

않았지만 며칠 전부터 괜히 우울했던 감정을 쏟아 부을 곳이 생긴

것이지요. 주방에서 일을 하면서 "너희 둘 정말 이러면 엄마가 속상해서 어떻게 사니? 어? 엄마가 기쁜 일이 없어요, 도대체! 어쩌고저쩌고"라고 넋두리를 해가며 화를 냈습니다.

자, 먼저 티슈남의 반응. 눈물이 그렁그렁해 가지고 엄마 허리에 달라붙어서, "엄마, 엄마 마음 풀어. 내가 이제는 결심했어. 앞으로는 받아쓰기 꼭 90점 이상만 맞을 거야. 그러니까 엄마 속상해하지 말고 맘 풀어. 기쁨을 찾아. 엉엉엉……."

책꽂이에 기대어 이 광경을 지켜보고 있던 당찬녀는 자기 방으로 휙 들어가더니 채 30초도 지나지 않아서 발을 쾅쾅거리며 엄마에게 다가옵니다.

"엄마! 내가! 엄마한테! 할 말이! 있는데!"

도전적으로 나오더니 퍼붓기 시작.

"엄마 왜 그렇게 변했어? 엄마 내가 1, 2학년 때 받아쓰기 못해도 괜찮다고 했잖아. 그리고 늘 시험 성적은 아무것도 아니라고 했지? 그런데 현승이한테 왜 그래? 열심히 공부하면 되는 거지 성적으로 뭐라고 하면 안 된다고 엄마가 그랬잖아. (살짝 목소리 톤 다운되면서) 물론 내가 쫌 열심히 안 하기는 했지만. 아무튼 엄마가 이런 식으로 성적으로 뭐라고 하면 나는 어떻게 해야 돼? 나도 다른 애들처럼 똑같이 시험 못 봤다고 엄마한테 혼나겠다고 걱정하고 벌벌 떨고 그래야 돼? 앞으로 나도 그래야 돼? 다른 애들처럼? 그러면 내가 앞으로 무서워서 시험을 어떻게 봐? 어?"

이 당찬녀, 말로 쓰는 대자보의 중간쯤에서 빵 터져 웃음 참느라 혀 깨물고 있다가 죽을 뻔했습니다. 엄마로서의 자존심이 있으니까 끝내 웃음 터뜨리지 않고 위기의 순간을 넘겼고요. 수요 예배 가서 기도하고 나서 두 녀석에게 사과했습니다.

"엄마가 잘못한 거다. 성적은 중요하지 않아.
그걸로 엄마가 너희한테 화낸 거는 잘못인 것 같아."

내 양육 철학은 '굴욕의 교육학.'

시험 공부 효과

며칠 후면 외할아버지 추도식이라서 외갓집에 간다는 얘기를 했습니다. 마음이 훌쩍 큰 채윤이가 물었습니다.

"엄마, 외할아버지는 어떤 아빠였어? 우리 아빠 같은 아빠였어?"

이런저런 외할아버지와의 추억을 얘기해 주었습니다.

"그렇구나. 엄마가 외할아버지 정말 많이 보고 싶었겠다. 그래서 지난번에 '아빠하고 나하고 만든 꽃밭' 노래 불러 주면서 엄마가 울려고 했었지?"

그러고는 잠시 조용하더니 말을 건넵니다.

"엄마, 만약에 우리 아빠가 외할아버지처럼 죽는다면…… 나는 어떨까? 엄마처럼 그럴까? 그런데 엄마, 아빠가 죽어서 우리 집이 한 부모 가정이 된다면 엄마는 꼭 재혼을 해. 나는 한 부모 가정은 싫어. 엄마가 재혼을 해서 다시 핵가족으로 만들어 줘."

사회 시험 범위인 '가족의 형태' 열심히 공부한 효과.

티슈남의 어버이날

어버이날 저녁에 장을 보러 시장 가는데 두 망아지가 따라 나섭니다. 현승이가 "엄마, 나 시장 놀이터에서 좀 놀게" 합니다. "캄캄하고 친구도 없는데 가서 뭐하고 놀아?" 하니, "그럼, 나 101동 놀이터에 한번 가 볼게" 하면서 무슨 구실을 찾는 느낌이었습니다. "그래, 그럼 엄마 장 보는 동안 놀고 있어" 하고는 채윤이랑 같이 시장 한 바퀴를 돌았습니다. 장을 다 보고 현승일 찾아야지 하고 걷는데, 마트 앞에 갑티슈 세 개 한 묶음으로 포장된 걸 들고 셀셀셀셀 웃으며 서 있는 현승이 발견.

엄말 보더니 쑥 내밀면서
"어버이날 선물!" 합니다.

하이고, 이 티슈 같은 녀석. 그러고는 양파랑 오렌지 들어 있어서 꽤 무거운 비닐봉지를 집까지 낑낑거리면서 들어 줍니다. 무거운 짐 들어 주는 것도 어버이날 선물 추가 옵션입니다. 이 갑티슈 같은 녀석. 옆에 아무 생각 없는 시크한 누나는 어쩌라고요.

집으로 걸어오면서 묻습니다.

현승 : 엄마, 그런데 화이트가 뭐야?
엄마 : 흰색.
현승 : 아니, 그게 아니고 엄마가 쓰는 휴지 있잖아.
엄마 : (화들짝) 어? 어……. 그거 엄마가 쓰는 휴……휴지…….
현승 : 그거 살려고 했는데 그건 쪼그만데 더 비싸. 그런데 엄

마는 왜 혼자 비싼 휴지를 써?

엄마 : 으……. 어…… 엄마들은 피부가 부드럽잖아. 화장도 많

이 하고. 그…… 그러니까. (횡설수설)…….

현승 : 아, 그렇구나. 그러면 엄마 화이트 필요해?

엄마 : 허억, 음, 아니……. 뭐……. 아직 있어. (횡설수설)…….

현승 : 그래? 그러면 내가 이거 사길 잘했네. 필요한 거였지?

엄마 : 그럼. 이 티슈는 엄마만 쓸게. 고마워.

현승 : 엄마, 그런데~에 엄마들이 쓰는 휴지가 화이트면, 아빠

들이 쓰는 휴지는 블랙이야?

절대 윤리 VS 상대 윤리

예술 고등학교에서 더블 베이스를 전공하고 있는 사촌 오빠(형)의 정기 연주회를 보러 성남 아트센터에 가는 중이었습니다. 성남 아트센터는 꼭 1년 전, 현승이에게 슬픈 기억을 남긴 장소지요. 클래식 음악회는 보통 대부분 8세 이상 입장 허용입니다. 이 규정으로 여섯 살이었던 현승이는 연주회 내내 로비에서 몸을 꼬며, 자판기 음료수나 마시면서 눈물을 머금고 기다려야 했습니다.

"얘는 으른(어른) 같은 애라 들어가도 꼼짝 않고 있을 애예요."

화가 나신 할아버지, 할머니가 스태프들과 싸워 보기도 했지만 결국 어쩔 수 없었습니다. 이럴 때마다 할아버지는 "야, 현승아, 아줌마가 너 몇 살이니 하면 여덟 살이라고 대답해, 알았지?" 하십니다.

이런 아픈 기억을 간직한 채 다시 형아 학교의 정기 연주회에 가게 되었습니다. 며칠 전부터 할아버지는 "이번에는 컸으니까 여덟 살이라고 하고 들어가면 돼. 현승이는 차분해서 열 살보다 더 잘 앉아 있을 수 있어"라고 하셨습니다. 연주회 가는 차 안에서 엄마도 살짝 백색 거짓말을 하면 어떨까 유혹을 받았습니다. "엄마, 나 못 들어가게 하면 어떻게 해? 누구하고 밖에 있어?" 하길래, "음, 거짓말을 하면 안 되지만 현승이는 떠들지 않고 잘 들을 수 있으니까 그냥 여덟 살이라고 할까?" 했더니 "거짓말이잖아. 거짓말은 안 되잖아. 나 그냥 밖에 있을 거야"라고 합니다. 그래서 알았다고 했습니다.

창밖을 내다보던 상대 윤리주의자 누나가 논쟁의 시동을 걸기 시작합니다.

"현승아, 너가 여덟 살이라고 하는 거는 거짓말이긴 하지만 속이는 거짓말은 아니잖아. 아, 속이는 거긴 하지만 그 사람을 나쁘게 하는 거짓말은 아니잖아. 니가 밖에 남아 있으면 할머니나 할아버지나 고모나 누가 너랑 같이 있어야 하니까 그냥 여덟 살이라고 하고 들어가자. 그럼 모두 볼 수 있잖아."

(느리고 어눌하고 차분한 말투로)

"싫어! 거짓말이잖아."

"야, 거짓말이긴 하지만 나쁘게 하는 건 아니잖아. 그냥 여덟 살이라고 해~애."

(여전히 같은 톤으로) "그래도 거짓말은 나쁘잖아."

(상대 윤리주의자 살짝 머리에 스팀이 들어오기 시작) "야, 니가 안 들어가면 어른 중에 한 사람이 못 들어가는데 그건 너무 그렇잖아. 그리고 일곱 살이 못 들어가게 하는 건 떠들까 봐 그러는 건데 너는 안 떠들고 잘 들을 수 있잖아. 그러니까 여덟 살이라고 해!"

(변함없는 톤) "싫어! 왜 자꾸 거짓말을 시켜."

(한 톤 높아지면서) "야, 김현승. 너 할머니 할아버지나 고모를 좀 생각해 봐. 외손주가! 아들이 연주회를 하는데 너 때문에 밖에서 못 들어가는 사람 마음을 생각해 보란 말얏! 너만 생각하냐? 진짜. 김현승……. 씨……." (흥분하면 지는 건데)

(아까랑 같지만 흥분한 누나 덕에 한결 차분하게 느껴지는 톤으로) "거짓말은 나쁘잖아. 그리고 왜 자꾸 화를 내고 그래?"

(완전 복장 터지는 톤으로) "네가 자꾸 말을 못 알아듣고, 말대꾸하니깐 내가 짜증이 나고 화가 나고 그러잖아. 그러니깐 여덟 살이라고 하면 우리 모두 편하잖아!"

(변함없는 톤) "거짓말은 나쁜 거잖아."

(뚜껑 열리기 직전) "아나, 얘 말귀를 못 알아들어. 엄마, 누구 말이 맞는 거야? 말 좀 해 봐."

(엄마는 누구 편도 들 수 없는 입장이고, 현승이 손을 들어 줘야겠지만 심정적으로는 채윤이가 이겼으면 좋겠고, 그러나 내 손에 피 묻히기는 싫은 아주 비겁한 모드)

"너희 둘 다 일리가 있어."

이때, 협상 결렬을 선언하는 한마디.

(화가 나 죽겠지만 포기하는 듯한 말투로, 그러나 한마디 한마디 분노를 가득 담아서) "그래, 김현승 너는 그냥 끝날 때까지 밖에서 혼자 있어라."

(마지막까지 같은 톤) "그래. 알았어. 혼자는 안 있고 할아버지랑

있을 거야."

상대 윤리주의자 너무 빨리 흥분한 관계로 절대 윤리주의자 승!

흥분하면 지는 거다 2

다혈질 누나는 웬만하면 싸움 초반에 흥분하고, 웬만하면 흥분한 상태에서 동생에게 폭언을 하고, 웬만하면 목소리를 높이다, 웬만하면 엄마한테 걸려서 선발대로 야단을 맞습니다.

느릿느릿 나무늘보 권법 동생은 웬만하면 천천히 느릿느릿 말해서 약을 올리고, 웬만하면 때려도 조용히 티 안 나게 때려서 처벌을 피해 가지요.

나무늘보의 얄미운 행태에 이따만큼 열이 오른 누나, 엄마를 찾아 고하길, "(또박또박) 엄마, 이제부터 내가 김현승을 아무리 아프게 때려도 날 혼내지 마. 진짜 누나를 누나 대접하지 않는 애는 누나한테 좀 혼나야 돼. 그러니까 이제부터 아무리 엄마라도 나한테 뭐라고 하지 마. 김현승을 때려 줄 거야." (씩씩, 코에서 김 나옴)

한편, 침대에 비스듬히 기대어 사태를 관망하던 동생.

느릿느릿 한마디.

"거참, 말 한번 똑 부러지게 하네."

게임 오버!

식탁 대화

#1

태생적으로 부드러운 것에 집착하는 현승. 부드러운 천, 부드러운 말투, 부드러운 살, 부드러운 빵. 그렇습니다. 빵까지도 부드러워야 해서 식빵을 토스터기에 굽지도 않아요. 아침 식사 중에 샐러드 등 접시에 할당된 음식을 다 먹고 마지막 남은 부드럽지 않은 빵, 베이글을 들고 짜증스런 표정입니다.

현승 : 엄마, 나 많이 먹었는데 이건 왜 꼭 먹어야 돼?
엄마 : 음, 영양소에는 다섯 가지가 있는데 단백질, 탄수화물, 비타민……. (어쩌고저쩌고)……. 탄수화물은 뇌의 활동을……. (어쩌고저쩌고)……. 그래서 공부하는 학생은 아침에 탄수화물을 꼭 먹어 줘야 해.

현승 : (특유의 이해력으로 바로 알아듣고 먹다가) 엄마, 그런데 영양
　　　소 중에 트랜스포머는 뭐야? 아니 그게 아니고 트랜스 지
　　　방인가? 그거 말야.

엄마 : 그건 뭐냐면. 아까 말한 영양소 중에 지방은 두 종류가
　　　있는데…… (어쩌고저쩌고)…….

아빠 : (버릇 나왔다) 현승아, 그게 아니구. 서울이 있으면 지방
　　　도 있어야 되잖아. 지방은 서울 말고 저~기 변두리 시골
　　　같은 데야. 큭큭큭.

현승 : 뭐야~아. 엄마, 아니지이? 그 지방이 아니지?

채윤 : (지금까지의 대화, 즉 학구적인 대화에는 관심이 없는 채윤이, 그
　　　런 게 뭐 그리 중요하겠냐는 표정으로 우적우적 베이글을 씹으면
　　　서) 나 진짜 그 지방인 줄 알았는데. 아니었어? 나는 '트랜
　　　스'라는 지방에서 나온 음식이라는 줄 알았어. (우적우적)

#2

엄마, 아빠, 식탁에서 커피 타임 중인데 현승이가 그림 그린 걸 가
져와 자랑하고 있습니다. 엄마 아빠는 영혼 없는 칭찬을 하는 중.

　　"와, 잘 그렸는데!"

채윤 : (질투 반 짜증 반) 이거 지가 혼자 그린 거 아니야. 내 꺼 보

고 그린 거야. 해킹한 거라구.

현승 : 해킹이 아니라 컨닝이겠찌이~

채윤 : 아, 뭐어! 으이그, 미운 김현승!

현승 : 아니면 저작권 침해든지.

채윤 : 뭐래!?

현승이의 욕구 이야기

비슷한 면도 있고 다른 면도 있지만 MBTI로 치면 정반대 유형인
남편과 나.

　비슷한 면도 있고 다른 면도 있지만 MBTI로 치면 거의 정반
대 유형으로 추측되는 현승이와 채윤이.

　성격 유형을 군이 갖다 대지 않아도 채윤이와 현승이의 세상을
대하고 사람을 대하는 태도는 참 많이 다릅니다. 많이 다른 두 아
이의 동시적(응?) 엄마인 나는 그 사이에서 나를 다시 보게 됩니다.

　어제 저녁, 우연히 '욕구'라는 한 주제로 전혀 다른 (그러나 결론
적으로 같은) 이야기를 두 아이와 나누어야 했습니다.

잠이 들 때는 아직도 엄마의 부드러운 팔에 비비적대야 하고, 그래도 잠이 안 오면 세상 그 누구의 손도 아닌 엄마의 부드러운 손이 살살 등을 긁어 주어야 그제야 잠이 드는 현승이입니다. 그래서 현승이는 늘 잠자리에 드는 시간에는 본의 아니게, 진심 본의 아니게 구타 유발, 아니 갈등 유발자가 되지요.

"엄마, 나 일단 누워 있을게. 꼭 와 줘. 잠들기 전에 한 번, 잠든 다음에 한 번 와 줘"라고 말하는 건 방송용. 비방송용 본심은 '엄마가 옆에 누워서 잠들 때까지 등을 긁어 주고 얼굴을 만져 주었으면……'입니다. 하지만 이제 아홉 살인 것을 현승이도 압니다. 아홉 살이 하기에는 쪽팔린 행동이라는 것을. 그리고 엄마는 가끔 원고도 써야 하고 강의 준비도 해야 하며, 국도 끓여야 하고, 트위터에 빠져서 정줄을 놓을 때도 있으며 어떤 때는 피곤해서 먼저 누워야 하는 그런 존재인 것을 압니다.

어젯밤 또 "엄마, 나 누워 있을게. 와 줘" 하는데, 진짜 이제는 모유 수유하는 엄마도 아니고 편하게 잠 좀 들어 보자는 게 소원일 뿐입니다. 억지로 가서 현승이의 주문인 안아 주고, 뽀뽀해 주고, 사랑한다고 말해 주는 모든 절차를 마치고 나서야 안방 침대로 왔습니다. 그러나 1분쯤 지나서 다시 엄마를 부르는 소리!

"엄마, 엄마, 한 번 다시 와 주면 안 돼?"

엄마는 완전 버럭!

"엄마도 잠 좀 자자고! 엄마는 침대에서 책 보다 자고 싶다고!"

이 말에 우리 티슈남,

"아……알았어(울먹, 울먹먹먹……)."

마음 약한 엄마는 다시 티슈남의 침대로 갑니다. 티슈남은 눈물을 그렁그렁하며 "엄마, 가서 자. 나 혼자 잘 수 있어……(울먹울먹)."

"그래. 그래야지. 이제 아홉 살인데……. 잘 자. 사랑해" 하고 다시 내 침대로 돌아왔습니다.

침대에 비스듬히 누워 한참 책을 보다가 뭔가 섬뜩해서 방문 쪽을 보니, 방문 앞 벽에 붙어 우두커니 서서 엄마를 바라보는 티슈남 님.

"허허……허걱. 왜? 잠이 안 와? 엄마가 다시 가?"

어둠 속의 티슈남 님. 말은 못하고 고개만 흔들흔들.

이 가엾고 속 터지는 아들을 물끄러미 바라보던 엄마는 벌떡 일어나서 말합니다.

"현승아, 엄마가 어떻게 하면 좋겠어?
네가 원하는 거 엄마한테 말해 줘.

네가 정말 원하면 엄마한테 미안해도 그냥 말하는 거야.
말해 봐."

현승이는 글자 크기 3포인트 정도의 목소리로 "엄마. 와 줘"라고 합니다.

"알았어. 엄마는 무척 피곤하지만 네가 정말 원한다고 말하면 다시 가서 재워 줄게"라고 말하면서 나란히 누워 등을 긁어 주었더니, 눈물이 그렁그렁해 가지고 말합니다. "엄마, 피곤하지? 편하게 자고 싶지? 미안해. 내가 안 그러고 싶은데, 나도 모르게 일어나서 엄마 방에 가게 돼."(홀쩍 홀쩍 홀쩍쩍 홀쩍)

현승이는 자신이 원하는 걸 쉽게 접습니다. 그것이 엄마나 아빠나 누나와 같이 가까운 사람들을 불편하게 만든다고 판단되면 말이죠. 특히 가장 좋아하는 엄마를 불편하게 한다고 판단되면 더 그렇습니다. 그러나 사실 욕구는 접는다고 접히는 게 아닙니다. 무작정 욕구를 접고 나면 대부분 우울해지거나 분노가 일기 십상입니다. 그래서 현승이가 갈등을 피하기 위해 재빨리 누나에게 양보해 버리고, 원하는 것을 접고, 뜻을 굽힐 때 "착하다"고 칭찬하지 않으려 합니다.

더 어려운 것은 현승이는 감정이 조금만 상해도 말을 하지 못합니다. 충분히 미안하다고 생각하면서도 "미안해"라는 소리가 나오질 않습니다. 어쩌면 그런 이유로 빨리 욕구를 접어 버리게 되는지도 모릅니다. 그러나 아홉 살짜리 아이는 아직 이해받아야 할 나이입니다. 사회성이 발달하며 타인에 대한 배려도 배워야겠지만, 철이 다 든 어른처럼 배려하고 참는 건 너무 이르다고 봅니다. 일상의 많은 문제에서 마흔이 넘은 엄마를 이해하고, 이해했기에 참고 배려하는 건 현승이의 성품일망정 그대로 고착되도록 해서는 안 될 것 같았습니다.

현승이에게 욕구를 가지는 것은 잘못된 것이 아니라고 가르쳤습니다. 모든 욕구가 다 충족될 수도 없고, 설령 다 충족되어도 행복해지는 건 아니지만, 그리고 더 많은 경우에 내 욕구와 타인의 욕구를 함께 고려해야 하는 게 맞지만, 어찌 됐든 욕구 자체는 나쁜 것이 아니며 자신의 욕구를 돌봐야 하는 일차적인 책임이 자신에게 있음을 가르치려 합니다. 무엇보다 욕구를 참는 것은 능사가 아님을 가르치려 합니다. 원하는 게 있을 때는 '말'로 표현하고, 감정에만 휩싸여 눈물만 흘리지 말고 때로 설득도 할 수 있음을 가르치고 싶습니다.

현승이의 성품상 이것은 쉬운 일이 아닙니다. 그러나 감정도,

욕구도 결국 그 자체로 인정할 때만 끌려다니지 않을 수 있는 것입니다. 이는 한 번에 가르칠 수도 없고 말로 다 가르칠 수도 없습니다. 마흔이 넘은 엄마도 여전히 천천히 배워 가는 중이고 아직도 가야 할 길이기 때문입니다. 엄마가 가 본 길만큼만 안내해 줄수 있음을 알기에 말로 가르치기보다 먼저 살아 내려 합니다. 그래서 아이들은 부모를 자라게 하는 기가 막힌 존재인가 봅니다.

채윤이의 욕구 이야기

동생 현승이가 자신의 욕구를 억지로 접는 걸로 살아남고자 한다면, 누나 채윤이는 '호모 욕구피언스'라고 할 수 있습니다. 일단 욕구가 분명하고, 자신 안에 올라오는 욕구를 바로바로 알아내서 웬만하면 채워야 합니다. 그것도 바로, 지금, 당장!

그래서 얼마 전까지 자주 갈등을 빚곤 하던 일이 있습니다.

채윤인 그날의 분위기와 몸 상태 등을 고려해서 꼭 먹고 싶은 게 있습니다. 그리고 먹고 싶기 시작하면 '아, 먹고 싶다'가 아니라 '꼭 먹어야지. 안 먹으면 죽지'로 갑니다.

어느 날 수영을 하고 오면서 채윤이의 그분이 '오늘 메뉴는 이

거다. 넌 이걸 먹고 싶은 거야' 하고 점지해 주신 모양입니다. 그런데 문제가 있습니다. 엄마는 집에서 가족의 건강과 분위기를 고려해서 나름의 저녁 식사를 준비하고 자빽하고 있었다는 것이지요.

코는 또 견코인 채윤이는 집에 들어서자마자 "오늘 저녁 뭐야? 카레야? 아~ 난 찜닭 먹고 싶었는데⋯⋯" 하기 시작. 결국 카레를 먹으면서도 계속 찜닭에 대한 미련을 버리지 못하고 종알종알 늘어놓는 말들이 자빽 엄마의 신경줄을 건드리고 한 번 두 번 참던 엄마가 세 번째에서 "삑!" 하는 상황이 되었습니다. 비슷한 패턴으로 반복적인 갈등이 명멸하면서 김채윤이 이 부분에서는 일단 꼬리를 내리게 되었습니다.

단지 먹을 것에 국한되지 않습니다. 가족끼리 놀 기회가 오면 어쨌든 채윤이는 나름대로 하고 싶은, 그리고 나름대로 계획해 놓은 자기만의 간지 스케줄이 쭉 나옵니다. 웬만해서는 그것을 꼭 해야 하기 때문에 다시 또 갈등이 빚어집니다.

그런데 며칠 전 저녁.

채윤이가 '미쳐 버린 파닭'에 꽂혀서 낮부터 그걸 먹고 싶다고 노래를 부르던 날이었습니다. 아빠랑 현승이랑 셋이 문방구에 준비물 사러 가고 엄마는 집에 남아 '미쳐 버린 파닭'을 주문하기로 했습니다. '미쳐 버린 파닭'에 전화를 하니, 아, 휴일입니다. 그렇다고 다른 치킨 집에 시킬 수도 없습니다. 김채윤이 먹고 싶던 건 '미쳐 버린 파닭'이니까요. 떨면서 밖에 있는 채윤에게 전화했습니다.

"미쳐 버린 파닭, 오늘 문 닫았어. 다른 치킨 싫지? 그냥 사골국에 밥 먹자."

이렇게 말하면서 바로 미쳐 버리는 김채윤을 상상했습니다.

헌데, 이게 웬일. "어, 그래. 알았어!"라고 합니다.

집에 온 채윤이에게 바로 진심 어린 칭찬을 아끼지 않았습니다.

"엄마는 네가 미쳐 버릴 줄 알았어. 헌데 오늘 채윤이의 쿨한 반응에 감동받았어. 그래. 우리가 그럴 수 있는 거야. 뭘 먹고 싶거나 갖고 싶은 게 나쁜 건 아니지만 그 모든 걸 원한다고 당장 다 채울 수는 없는 거야.

**정말 먹고 싶지만 그 순간이 지나면
또 그리 중요한 게 아니기도 한 거지."**

현승이가 감정이 자기 자신이라고 여기면서 감정에 휩싸여 말 한마디 못하고 눈물만 흘리는 것처럼, 채윤이는 욕구가 자기라고 생각하여 욕구가 채워지지 않으면 자기가 받아들여지지 않았다고 느끼며 더욱 집착하게 되는 듯합니다. 결국 채윤이에게도 욕구는 그 자체로 나쁜 것이 아니며, 욕구를 인정하고 바라봐 주지 않으면 욕구 자체에 끌려다닐 수밖에 없다는 어려운 이야기를 삶을 통해서 들려주어야 한다는 생각을 해봅니다.

4부

보내다

18

가계를 흐르는 비난의 젖줄

~~~~~~

예를 들어, 우유를 따르고 났는데 아이가 갑자기 달려들어 목을 끌어안는 바람에 식탁과 바닥에 우유를 쏟았다. 이런 경우 아무렇지 않게 지나기가 참 힘들다. 자동으로 내 속에서 올라오는 소리가 "내가 너 그럴 줄 알았어. 어휴, 진짜!" 아이에 대한 비난이다.

내가 아이의 실수를 가볍게 지나치지 못한다는 것을 깨닫기까지 많은 시간이 걸렸다. 작은 일은 그나마 잠시 숨을 고르면 올라오던 비난을 꿀꺽 삼켜 버릴 수도 있다. 학교에서 돌아와 가방을 던져 놓은 아이가 친구와 싸웠다며 친구에 대한 불평을 늘어놓을 때, 자신의 정당함을 입증하기 위해 계속해서 친구의 잘못을 읊고 있을 때는 "그만 좀 해. 그 애만 잘못했겠니? 안 봐도 비디오지. 네가 오죽 네 맘대로 하려고 휘두르고 했겠어. 손바닥이 부딪쳐야 소리 나는 법이지"라고 퍼붓고 싶은 마음이다. 무엇보다 그 소리를 듣고 있기가 매우 힘이 든다.

　아이가 저지르는 실수나 아이와 맞닥뜨리는 갈등을 보면서 엄마답게, 어른스럽게 대하지 못한다는 자책감은 다시 나를 힘들게 한다. 자책감은 건강한 자기반성으로 가지 못하고 분노를 담은 짜증으로 아이에게 쏟아지기 일쑤다. 내 안에 가득 찬 비난의 목소리가 있다는 것을 긴 시간의 성찰과 상담 등을 통해서 알게 되었다. 이건 사실 평생 엄마가 내게 했던 방식이다. 사소한 실수에도 꼭 꾸지람(또는 자잘한 비난)을 들었다. 웬만큼 잘한 일에도 꼭 잘못한 점을 지적받고 끝나는 경우가 대부분이었다. 어릴 적 그런 생각을 하기도 했다. '놀다가 옷을 버린 게 왜 혼날 일일까? 일부러 그런 것도 아닌데……' 그러나 그것은 마음속 혼잣말이었고, 엄마의 전능함 앞에서 무력한 나는 잔소리와 비난을 그대로 내면화할 수밖에 없었다. 그런 엄마가 싫으면서도 엄마의 목소리는 또렷하게 내 것으로 가져온 것이다.

　엄마가 어디, 내가 미워서 그랬겠는가. 우리 엄마 나름의 사랑하는 방식이 '걱정과 간섭과 잔소리'였음을 모르는 바 아니다. 그런데 어린 내게 들린 메시지는 '너는 뭘 해도 제대로 하는 게 없다. 친구들이 너를 괜히 따돌리겠니? 네가 둥글둥글하지 못하기 때문이지'처럼 부정적인 방식이었다. 이것은 아무리 엄마라도 인간의 사랑은 불완전하다는 반증일 것이다. 또 폴 투르니에(Paul Tournier)가 말하는 바, 인간이 가진 '존재론적인 죄책감'은 아이로 하여금 자기를 비난하는 방식으로 엄마의 목소리를 해석해서

듣게 한다. 한두 가지 대화의 기술을 배워서 좋은 엄마가 되는 것이 아님을 실감한다. 엄마에게서 흘러나온 정신적, 신앙적 젖을 먹고 자란 내가 그것을 뛰어넘기란 그리 만만한 일이 아니다. 어쩔 수 없이 내 아이들에게 흘려보내고야 마는 양분과 더불어 독소가 있을 것이다. 그것은 엄마로서 나만이 가진 장점이기도 약점이기도 하다는 것을 인정한다.

비난과 잔소리, 통제하기 등 애써도 잘 고쳐지지 않는 것들이 많지만 '나는 엄마로서 자격 미달이다'라는 식으로 자기 비하에 빠지지 않으려고 한다. 엄마로서 나는 계속 자라 가려고 애쓰고 있으니까. 잠시 감정 조절을 하지 못했어도 이성을 찾은 후에 진심으로 정직하게 아이들에게 사과하려고 한다. 부족한 엄마 아빠 때문에 마음을 다친 아이들이 부정적인 감정을 표현하는 분위기를 만들어 주려고 한다. 마음에 쌓아 두는 부정적인 감정은 필연 자기 비난의 목소리가 되고 그것은 영혼을 갉아먹는 '참소하는 자'의 소리로 둔갑하기 때문이다. 엄마의 소리가 내게 와서 그랬던 것처럼.

엄마에게서 내게로, 나에게서 아이들에게로 젖줄을 타고 흘러가는 부정적인 것을 끊어 버리려고 상담과 자기 분석 등 많은 노력을 했고, 여전히 하고 있다. 그러나 아무리 애쓰고 울어도 그것만으로는 안 된다. "너는 눈에 넣어도 아프지 않을 나의 귀염둥이, 나의 사랑이다"(사 43:4, 공동번역 개정판)라고 말씀하시는 주님의 음성으로 돌아가는 것만이 방법이다. 그 그림자 없는 사랑이야말로 나와 아이들을 죄책감의 늪에서 구해 줄 유일한

길이기 때문이다. 가계를 흐르는 비난의 젖줄은 하늘 아버지 사랑에서 발

원하여 흘러넘치는 생수의 강으로 흘러들어 큰 사랑에 희석되어야 한다.

유구무언

도대체 초등학교 3학년 아이의 엄마가 할 수 있는 말이란, 일이란
뭘까요?

"숙제 있니, 없니? 그것만 하고 피아노 연습해.

영어 다 듣고 자전거 타러 가.

이것만 먹고 그 다음에 놀아."

'나도 하루 종일 이런 잔소리 따위나 늘어놓으며 살고 싶지 않
다고! 저녁 먹고 시간은 이미 여덟 시를 넘기고 있는데, 일기 숙제
도 있고 전날도 들어야 할 영어 분량 안 들었잖아.'

"채윤아, 이제 영어 해. 시간 많이 늦었어. 충분히 놀았잖아."

이 한마디 했습니다.

"알았어. 엄마! 내가 지금 막 하려고 했어. 그런데 엄마가 그렇
게 말하니깐 내가 하기도 싫고, 게다가 엄마까지 막 미워지잖아.
내가 알아서 할게. 그런 말 좀 하지 마!"

흡! 그래서 참은 겁니다. 미워진다니까. 그런데 자기가 알아서
뭘 했나요? 열 시가 되도록 해야 할 일이 하나도 안 돼 있었습니

다. 결국엔 버럭! 아빠는 옆에서 이런 엄마를 보고 '버럭 신실'이라 놀리면서 불난 집에 부채질합니다. 한바탕 엄마의 분노 폭발 작렬 후에 대화의 시간이 왔습니다. 아직도 분이 안 풀려서 뾰로통한 엄마한테 조목조목 따지고 조목조목 반성하고 조목조목 앞으로의 계획을 브리핑하는 채윤.

"엄마, 내가 이제 엄마 마음을 알겠어. 엄마가 하루 종일 기다려 줬는데 내가 안 하니까 엄마가 진짜 속상하고 마음이 아픈 거 알겠어. 이제부터 내가 좀 알아서 하려고 진짜 결심을 하고 있으니까 이제 맘 풀어."

그리고 여전히 풀어헤쳐 놓은 분노를 수습하지 못하여 말을 잇지 못하는 엄마에게, "엄마, 왜 암말 안 해? 내가 이렇게 말하는 게 어때? 내가 이렇게 말하는 게 엄마 맘을 더 상하게 해? 그래서 그러는 거야? 다른 말을 할까?"

왜 아무 말 안 하냐구?
그냥, 뭔가 자존심이 상해서.

엄마 해먹긴 쉬운 줄 아냐

작은놈

거실에 엎드려서 궁둥이를 하늘 쪽으로 하고는 수학 문제를 풀고 있던 아들놈의 중얼거림.

"아, 선수 교체 하고 싶다. 엄마랑 선수 교체 하고 싶다. 엄마는 수학 문제 풀고 난 컴퓨터 하고……."

야이, 작은놈아. 싫거든. 나도 어른 되는 거 공짜로 된 거 아니거든. 내가 미쳤다고 앞으로 10년을 넘게 학교 다니고 시험 볼 선수하고 교체를 하냐? 싫다고!

큰놈

"엄마, 나 사실 엄마가 너무 싫어서 가출하고 싶었던 적 있었다."

'진짜? 나도!
나도 니네 키우는 게 너무 힘들어서
가출하고 싶은 적 있는데…….'

야이, 큰놈아. 엄마 노릇은 쉬운 줄 아냐? 만나는 엄마들마다 영어는 뭐해요? 수학은 어느 학원 다녀요? 방학 때 4학년 수학 한 번 훑었어요? 우리 애는 두 번요. 이번 담임 선생님은 뭘 좋아한대요? 이러면서 불안을 조장하는 시대의 엄마들 사이에서. 학원도 안 보내고 집에서 학교 공부 다 시키고, 독서 지도에 큐티 지도까지 하면서. 나는 뭐 살 만한 줄 아냐?

콱, 가출해 버릴라!

좌절 금지

#1

(때 : 월요일 하교 시간 / 장소 : 현승이 학교 운동장)

아빠 쉬는 날, 둘이 데이트를 하고 현승이 하교 시간에 맞춰 태우러 갔습니다. 아빠는 교문 앞에 주차를 하고 차 안에서 기다렸으며 엄마는 현승이를 데리러 내렸습니다. 운동장 저 멀리 파란 잠바 하나가 냅다 이쪽으로 달려오네요. 아, 우리 왕자님이다! 등에 자기보다 더 큰 가방을 메고 흔들며 신나게 달려옵니다. 반가운 마음에 달려가서 안아 주려고 엄마도 달렸습니다. 그 순간, 아들은 움찔하며 달리기를 멈추고, 먼 산을 바라보는 척 엄마 쪽을 살짝 비켜서 걸어옵니다.

뻘쭘하게 만났습니다. 엄마는 그 상황을 직면하고 싶지 않았습니다. 이 행동의 의미를 굳이 들춰 내고 싶지 않아 그냥 차에 탔습니다. 그런데 비정한 아빠는 가혹한 현실을 직면하길 요구합니다.

"현승아, 너 왜 좀 전에 신나게 뛰어오다 엄마 보고 멈췄어? 엄마가 이상하게 뛰니까 창피해서 그랬지? 사람들이 너네 엄만 줄 알까 봐 모른 척 걸어온 거지?"

한 질문도 예외 없이 모두 인정합니다. 아들이 한 번, 아빠가 한 번, 나를 두 번 죽였습니다.

#2

(때 : 주일 오전 / 장소 : 안방 화장대)

주일 오전, 채윤이는 먼저 갔고 현승이와 둘이 교회 갈 채비 중이었습니다. 현승이는 준비를 마치고 요절을 외운 걸 확인하며 엄마를 기다립니다. 엄마는 얼굴에 페인팅 중이었습니다.

"엄마, 엄마는 왜 화장을 해?"

"왜 하긴! 예쁘게 보일려고 하지."

"어, 그래? 그럼 엄마 화장 그만해. 내가 보기에는 엄마가 화장을 더 해서 화장이 다 끝났을 때도 지금이랑 얼굴이 달라지는 게 없어."

"그게 무슨 말이야?"

"그러니까 엄마가 화장을 안 했을 때랑, 조금 했을 때랑, 다 했을 때랑 똑같고 더 예쁘지가 않다고. 그러니까 화장을 안 해도 되는 거잖아."

"해도 소용이 없다구?"

"어, 그니깐 그만하고 빨리 교회 가자."

엄마, 좌절 금지!

#3

(때 : 어느 날 / 장소 : 안방 장롱 앞)

엄마는 외출 준비 중. 화장을 마치고 옷을 입는 중이었습니다. 장롱 위쪽에 걸려 있는 자켓을 꺼내고 있었습니다. 살짝 부담되는 높이네요. 그렇다고 의자를 끌고 와 올라설 높이는 아닙니다. 최대한 발꿈치 들고 짧은 고투 끝에 옷을 꺼냈습니다. 침대에 벌러덩 누워 있던 현승이가 혼잣말로 이러네요.

"그래도 닿긴 닿네."

"뭐, 임마!"

"아니이~ 나는 엄마가 그 옷 혼자 못 꺼낼 줄 알았어."

잠시 후, 엄마 곁에 와서 따스하게 한마디.

"엄마, 엄마는 참 힘들지? 키가 작아서 힘든 일이 많지?"

이건 걱정이니? 뭐니?

다른 여자, 착한 여자

추석을 보내고 할머니 댁에서 돌아오는 차 안. 현승이 볼멘소리로
아빠에게 말을 겁니다.

"아빠, 아빠랑 엄마랑 누가 먼저 결혼하자고 했어? 그런데 왜
아빠는 엄마랑 결혼했어? 다른 여자는 없었어? …… 아니~이, 그
냐~앙. 다른 여자는 없었냐고? 그냥 물어보는 거야. 아빠한테 물
어보는 거라고~오! 다른 여자 착한 여자는 없었어? 왜 엄마랑 결
혼했어? 그럼 더 나쁜 여자도 있었어?"

이 질문만 계속 반복. 왜 묻느냐는 엄마 아빠의 질문에는 결코
답하지 않고, 계속 묻기만 합니다. 빤히 들여다보이는 현승이 속
은 이런 거지요. 할머니 댁에서 자고 싶은데 엄마가 허락을 안 해
줍니다. 계속 졸라도 허락을 안 해주고, 왜 안 되는지 물어도 이유
설명을 안 합니다. 막판에 엄마 눈에서 소리 없이 레이저가 나오
는 것을 확인하고 마음을 접긴 했지만 억울합니다. 억울해도 너무

억울합니다. 저렇게 나쁜 여자가 내 엄마라니…….

착한 아빠가

왜 저런 여자랑 결혼했을까?

힐링 캠프, 엄마 편

현승 : 엄마, 엄마는 어디서 살 때가 제일 힘들었어? 덕소 아이
파크? 어디야? 어디서 살 때 제일 힘들었어?

엄마 : 음…… 엄마는 백조현대 살 때 제일 힘들었어.

현승 : 맞어. 그때, 그치?

엄마 : 뭘 맞어. 엄마가 힘들었던 걸 알어?

현승 : 히히, 그런가? 엄마 백조현대 살 때 뭐가 제일 힘들었어?

엄마 : 그때 아빠가 신학 대학원에 있을 때였잖아. 엄마는 일을
제일 많이 할 때였고……. 아빠가 없는데 일하고 와서 너
희를 혼자서 잘 돌봐 주기가 힘들었어.

현승 : 맞어. 그래서 엄마가 그때 우리를 많이 때리고 집도 나
가고 그랬지?

엄마 : (허걱) 많이는 안 때렸는데. 집도 한 번밖에 안 나갔는데. 그렇게 생각이 돼? 그래 맞어. 지금 생각해 보니 엄마가 그땐 정말 힘들었던 것 같애. 현승이 그때 많이 놀랐지? 너 그래서 요즘도 엄마가 운동 가서 조금만 늦어도 불안해서 전화하고 그러지.

현승 : 그런가? 그런가 봐.

채윤 : 맞어. 엄마 그때 진짜 힘들었어. 지금 생각해 보면 그때 우리가 샤워도 스스로 못했잖아. 우리가 욕실에서 놀다가 "엄마 다 놀았어" 그러면 엄마가 들어와서 우리 머리도 감겨 주고 목욕시켜 주고 둘 다 해줘야 했잖아. 그리고 나 공부시키고……

엄마 : 그렇다. 채윤이 1학년 때라 받아쓰기 준비하는 것도 힘들었어. 우리 둘 다 저녁마다 힘든 시간이었어.

채윤 : 나 2학년 때는 선생님도 너무 그랬잖아. 구구단 때문에 책도 집어 던지고, 머리도 때리고. 엄마 그때 진짜 속상했지?

현승 : 아빠가 신학 대학원에서 금요일 날 와도 놀아 주지도 못하고 토요일 날은 초등부 설교 준비하고 그랬어.

엄마 : 금요일에 오면 목장 모임하고 토요일엔 출근하고 설교

준비하고, 주일엔 초등부 했지.

현승 : 그러면 월요일 날은 또 천안 갔잖아.

채윤 : 그래서 엄마가 월요일 날 아빠랑 통화하면 울었지?

엄마 : 생각해 보니 엄마가 그때 정말 힘들었구나. 일을 너무 많이 하고 성대 수술도 했어.

현승 : 엄마, 그러면 그중에서 뭐가 제일 힘들었어? 우리가 말을 안 들어서? 아니면 목이 아파서?

엄마 : 음, 엄마가 그때 제일 힘들었던건 좋은 엄마가 안 되고 나쁜 엄마가 되는 것 같아서. (울컥) 너희 잘못도 아닌데 엄마가 자꾸 화를 내고, 너희가 잠들면 미안해서 혼자 울고 그랬어.

채윤 : 헐, 그런 일이 있었어? 나는 그런 건 전혀 몰랐는데. 엄마가 그랬구나.

현승 : 누나가 말을 안 들었지? 그리고 나는 엄마를 너무 힘들게 했지?

엄마 : 지금 생각해 보니 너희가 그렇게 힘들게 하지 않았어. 엄마 마음이 힘들어서 너희를 잘 받아 주지 못했지. 그리고 그런 엄마 자신 때문에 또 화가 나고 그랬어. 그래서 엄마가 그때 생각하면 너무 미안해. 너희가 잘못한 게 아니라

엄마 마음이 편하지 못했던 게 문제였어. 정말 미안해.

현승 : 엄마……. (쓰다듬 쓰다듬)

채윤 : 아, 모 괜찮아. 그때 엄마가 화를 너무 많이 내니까 엄마
가 싫어서 아빠가 놀아 주지 않는데도 더 좋아졌어. 그러
니까 꼭 나쁜 일만 있었던 건 아니지. 그래서 좋은 점도
있었네. 뭐.

엄마 : 엄마가 아직도 그때 생각하면 너무 마음이 아프고 너희
한테 미안한데…….

채윤 : 그래. 알았어. 이제 이런 얘기 그만하자. 현승아, 너 아
까 학교에서 우리 교실 복도에 왜 왔어? (어쩌고저쩌고)

우연한 대화로 마음에 남아 있던 짐 하나를 살짝 덜어 냅니다.

가끔은 아이가 엄마를 키우기도 해요.

배우지 않은 착한 행실

생각지 못한 아이들의 행동에 놀라고 감동하는 일이 많습니다. 가

르친 적이 없는 배려나 착한 행실이 아이들에게서 자발적으로 나올 때, 일종의 경이감마저 느낍니다. '하나님의 형상을 닮았다는 인간의 본성일까?' 하면서요. 물론 선악과를 먹고 실낙원의 한 인간의 모습을 더 많이 경험하는 것이 일상이지만요. 명절 전후 '명절 증후군'을 극복하게 한 아이들의 착한 행실 이야기입니다.

"엄마, 힘들지? 오늘따라 엄마가 힘들어 보여. 내가 도와줄 거 없어? 내가 꼭 도와주고 싶어. 아무거라도 도와줄게."

이렇게 두 아이가 번갈아 야채도 씻어 주고, 다 만든 음식을 그릇에 담아 주고, 양념도 꺼내 주고 하는 바람에 명절 음식을 준비하던 몸과 마음이 가벼워졌습니다.

몸도 마음도 분주하게 명절을 보낸 후, 따로 한적한 곳으로의 시간이 절실한 시점이었습니다. "엄마 한 시간만 현승이 책상에서 성경 읽고 기도하고 나올게" 하고 고요한 시간을 갖고 있었지요. 아주 천천히 방 문고리가 돌아가는가 싶더니 발소리도 안 나게 들어온 채윤이가 쪽지 하나 스윽 올려놓고 나갑니다.

엄마, 나 (피아노) 연습 조금 쉴게.

지킬 걸 지켜 주는 센스와 착한 마음.

우리 아이들이 어디서부터 왔나?

엄마들과 기도 모임을 하며 함께 읽고 있는 책에서 좋은 생각들을 많이 길어 올립니다. 한 책에서 얻은 통찰은 한 번쯤 정리하지 않고 지날 수 없는 참으로 좋은 생각이라서 나누어 봅니다.

온통 자녀 교육 잘하기에만 눈이 뒤집힌 나를 포함한 많은 엄마가 가끔은 위를 올려다보는, 다시 말해 우리의 부모님을 한 번쯤 생각해 보는 일을 하고 있는지요? 이 사랑스러운 아이들이 어디서부터 왔는지를 말입니다.

졸업식에서 상을 받고 대표로 연설을 하기로 되어 있던 저자가 단상에 올라가 섰을 때, 친구 중 한 명이 낄낄거리며 말했다고 합니다. "저기 저 술주정뱅이 좀 봐!" 그 술주정뱅이는 다름 아닌 저자의 아빠였고, 당시 저자와 저자의 가족은 술에 취한 아빠로 인해서 공포와 고통 속에서 살아가야 했습니다. 그런 순간에 육신의 아버지가 아닌, 하늘 아버지에게 도움을 구하는 기도를 하면서 "하나님의 은혜로 내 아버지를 미워하지 않겠습니다. 그분을 용서하겠습니다"라고 결심하고, 연설이 끝난 후에 아빠의 손을 잡고 자신이 좋아하는 선생님에게 아빠를 소개시켜 드렸다는 이야기입니다.

정서적으로 성숙하고 내적 치유를 위해서는 과거의 아픔을 다 끄집어내고, 털어 내서 직면하고 또 직면해야 한다고 가르치는 많은 상담가의 이야기가 성경처럼 여겨지는 요즘 시대에 '더는 부모님의 약점을 들추는 데 시간을 낭비하지 말고, 긍정적인 것에 초점을 맞추고 깨끗하게 용서하라'는 메시지로 들렸습니다.

우리 아이들에게 좋은 유산을 전수해 주기 위해서 내가 먼저 내 친정 부모님, 시부모님의 좋은 유산들에 대해 생각해 보아야겠다는 생각이 들었습니다. 사실 최근까지도 시어머니가 남편을 칭찬하지 않고 키웠기 때문에 가져온 결과들에 대해서 곱씹고 묵상하고, 때마다 마음속으로 어머니를 비난하곤 했습니다. 그런 면에 초점을 맞추면서 어머니가 양육을 위해서 잘하신 것이 없다고 생각하기도 한 것 같습니다.

양가 부모님과 우리 부부, 그리고 우리 아이들, 이렇게 세대의 위아래를 두루 살펴보니, 좋은 선택은 하나밖에 없는 것 같습니다. 아이들에게 잘 가르치기 위해서라도 부모님들로부터 받은 좋은 유산들에 대해서 찾아보고, 진심으로 감사하고, 그것을 은혜로 생각하는 것입니다.

이렇게 생각하고 나니, 친정 엄마는 물론이거니와 시부모님에 대해서도 공경하고 순종하는 것이 한결 더 쉬워졌습니다. 그분들로부터 받은 상처들로 온통 피해 의식에 싸여 있을 일이 아니었지요. 그나마 이 정도로 믿음을 유지하고, 행복한 부부 관계를 일궈나가게 된 유산이 바로 우리 부모님들로부터 온 유산이었다는 것을 알게 되었습니다.

채윤이와 현승이가 할머니 할아버지들의 삶을 하찮게 여기지 않고, 오히려 존경하고 감사할 수 있도록 가르치는 것은 아이들이 '자신이 어디서부터 왔는지'에 대해 알도록 하는 정말 중요한 일인 것 같습니다. 그렇게 하기 위해서는 내가 먼저 그분들을 존경하고, 그분들의 질곡의 세월들을 감싸 안고, 용서하고, 감사하는 길 외에는 없다는 것도 이제는 알았습니다.

이런 결론을 얻은 이후로 몇 달 동안 시부모님을 섬기는 일이 훨씬 쉬워지고, 가벼워졌습니다. 이제는 그분들로 인한 섭섭함이나 노여움이 오래가지 않습니다. 이 또한 나 스스로 부모 됨이 주는 또 다른 성숙이 아닐까요?

19

아주 작은 레고 사람

현승이가 성경 학교에 갔다. 일하는 날이라 짐만 챙겨 놓고 먼저 나오게 되었다. 가는 걸 못 봐 줘서 마음이 짠했다. 현승이가 전화를 걸어왔다. "엄마, 나 갈게. 갔다 올게. 엄마, 그런데 나 장난감 하나만 가져가면 안 돼? 아주 조그만 거. 아주 작은 레고 사람. 심심할 때 놀게. 그래, 알았어. 기도해 줘. 안녕" 했다.

현승인 어릴 적부터 집을 나갈 때 아주 작은 장난감을 몰래 숨겨 나가곤 했다. 낯선 것에 대한 두려움이 유난한 아이다. 익숙한 자기 공간과 연결된 무엇을 몸에 지니고 싶은 마음일까? 현승이 방 청소를 하다 '아주 작은 레고 사람들'과 마주치니 하루 못 본 현승이가 보고 싶기도 하고, 알 것도 같고 모를 것도 같은 현승이 마음에 가 닿는다.

집을 떠난 현승이는 아마 그렇게 지낼 것이다. 아주 작은 레고나 장난감 따위가 필요하지 않은 아이처럼 말이다. 동동거리며 두려워하고, "한 번만 안아 줘. 꼭 안아 줘" 이러다가도 현관문만 나서면 그런 아기 같은 현승인 사라진다. 다른 아이가 된다. 성경 학교 가서도 그럴 것이다. 두려울수록 더욱 그럴 것이다.

내가 그랬고 많은 어른이 그런 것처럼 두려움이란 그렇게 남아 있을 것이다. 극복하거나 잘 다루기보다는 가방 구석탱이에 깊숙이 숨겨 둔 '아주 작은 레고 사람'처럼, 있지만 없는 듯 살아가게 된다. 그래서 서서히 두려움이란 것이 있었다는 것도 잊히겠지만 어른이 되어 가고 세상에 적응하면서 트렌스포머가 되어 나올지도 모른다.

남을 공격하는 방식이 될 수도 있고, 지나치게 의존하는 방식이 될 수도 있고, 사람들에게 거리를 두는 방식이 될 수도 있고, 다짜고짜 일에 몰입하는 방식이 될 수도 있고, 지나치게 희생적으로 사는 방식이 될 수도 있을 것이다. 온갖 긍정적인 것에 목을 맬 수도 있고, 가장 부정적인 생각을 하며 두려움을 방어할 수도 있을 것이다.

언젠가 현승이가 자신을 알아 가고 성숙해 가면서 '아주 작은 레고 사람'을 기억해 내고 인정하게 되길 바라고 기도한다. '내가 왜 있는 그대로의 나로 살지 못하고 무엇엔가 매인 듯 살아가는 것일까?' 이런 질문이 올라올 때 말이다. 어른이 된 눈으로 한 번쯤 돌아와 거울 앞에 서서 '아주 작은 레고 사람'을 만지작거리던 자신을 만나게 되었으면.

나마스떼, 현승

현승에게 콩나물 심부름을 시켰습니다. 보내 놓고 일을 하다 문득
정신 차려 보니 애가 들어올 시간이 훨씬 지났네요. 가게는 집 바
로 앞인데. 무슨 일인가! 가슴이 덜컥 내려앉아 뛰어 나갔는데 헉
헉대며 계단을 올라오는 아이와 마주쳤습니다. 영문인즉, 집 앞
작은 가게에 콩나물이 없어서 한참 멀리 있는 마트까지 갔다 온
것입니다. 아줌마가 '얼마치 줄까?' 해서 가진 돈 2,000원만큼 달
라고 했답니다.

"엄마, 2,000원 어치가 이렇게 많을 줄 몰랐어. 그런데 콩나물
이 이렇게 많은데 보이는 비닐에 들어 있어서 들고 오는데 조금
창피했어."

그러면서 부끄러운 웃음을 웃습니다. 엄마가 걱정할 것 같아
막 뛰었다면서 벌게진 볼을 하고 숨을 헐떡거립니다. 녀석, 참 착
해요.

'나마스떼'라는 인도의 인사가 있습니다. '내 안의 신이 당신 안
의 신에게 경배합니다'라는 뜻이라지요. 타인에 대한, 존재에 대
한 경외심의 표현일 터. '당신 안에 있는 하나님의 성품을 내가 봅
니다'라는 뜻으로 나는 이해합니다. 아이를 키우면서 나도 모르게

속에서부터 '나마스떼'를 외치는 때가 있습니다. 감동적이다. 예쁘다. 이런 느낌과는 차원이 다른,

아이 안에 있는 놀라운 성품에 경이감을 느끼는 것입니다.

콩나물 더미를 보면서 외쳤습니다. "나마스떼, 현승!"

1등이 싫어

"엄마, 나 계주 뽑힐 걸 그랬나 봐."

아침 먹으면서 현승이가 그랬습니다. 어린이날 기념 체육 대회 연습을 했는데 계주하는 친구들이 부러웠다고 합니다. 그러고 보니 며칠 전 대충 들었던 반 계주 대표 뽑는 달리기 이야기가 생각납니다. 조별로 달리기를 하고 1, 2등을 뽑아서 그 아이들끼리 다시 달렸답니다. 조 1등으로 뽑혀서 다시 달리기를 하는데 또 1등을 하고 있더랍니다. '어, 이러다 내가 계주에 뽑히면 어떡하지? 한 번도 안 해 봤던 건데' 하는 생각이 드는 순간 바로 속도를 줄여

서 3등을 했고, 최종 1, 2등 두 친구가 계주 대표로 뽑혔답니다. 아이구야, 그때 속도를 줄였다는 얘기가 그 얘기였구나. 대표로 뽑힐까 봐!

그 얘기를 들으면서 채윤이가 그랬습니다.

"맞다. 김현승 일곱 살 운동회 때도 그랬잖아. 1등으로 달려가서 결승점 앞에서 그냥 서 버렸잖아. 그래서 따른 애가 1등 했어."

그런 일도 있었네요. 달리기를 처음 해 봐서 규칙을 모르나 보다 하고 지나갔는데……. 그때도 현승이가 눈앞에 있는 1등을 일부러 피했던 거군요.

토요일에 하는 수영 교실에 들어가서 겨우 적응을 했는데 주 5일 수업이 되면서 수영 시간이 전면 조정되었어요. 그 반이 없어지고 새로운 반이 만들어졌지요. 갑자기 아이들이 엄청 많아지고, 처음 두어 주는 계속 테스트를 하면서 레인 배정에 시간을 다 보내더군요. 학부모 대기실에서 현승이를 지켜보면, 그저 선생님이나 친구들이 자신을 주목할까 봐 숨고 또 숨는 것이 보입니다. 현승이가 일곱 살부터 꾸준히 수영을 해 온데다 진짜 좋은 선생님을 만난 덕에 평영과 배영은 자세며 모든 게 선수 같아요. 저학년 그룹이니까 3학년인 현승이가 거의 제일 잘한다고 봐야지요. 그런데 매번 맨 꼴찌에 가서 서는 거예요. 아이구, 속 터져. 앞의 친구들이 자유형 팔 꺾기도 안 하면서 세월아 네월아 가고 있으면 그저 거기 맞춰서 쉬었다 가고 쉬었다 가고……. 그러기를 5주 정도 하고 나서 수영 선생님이 "어, 현승이 수영 잘하네" 하시며 맨 앞으로 보내 주신 거죠.

수영 5주를 지켜보는 동안 나대기 본능 충만한 엄마는 부글부글하는 속을 달래며 지켜보았어요. 엄마한테 나대지 말라고 하는 것만큼이나 현승이에게 나서라고 하는 건 어려운 일이니까요. 1등을 해서 주목을 받으니 그 1등을 포기하겠다는데요. "엄마, 나 계주 뽑힐 걸 그랬나봐" 이 한마디면 족하다 생각합니다. 그렇게 한 번 두 번 자신의 기질로서는 필연이라 여겼던 선택에 대해서 반추해 보고, 그러지 않을 수 있다는 걸 배운다면 그걸로 족한 겁니다.

현승이는 현승이고,
현승이는 채윤이가 아니고,
엄마도 아니니까요.

그저 그렇게 생긴 자신을 진정으로 받아들이고 사랑할 수만 있다면요.

엄마 생일 선물

엄마 생일을 며칠 앞둔 날.

원고를 쓰다가 막혀서 하릴없이 인터넷 쇼핑몰을 전전하고 있었습니다. 썩 맘에 드는 반코트가 70퍼센트 세일을 해서 넣을 놓고 보고 있는데, 날개만 없었지 천사라 불리는 현승이가 "엄마, 뭐해? 그 옷 이뻐? 입고 싶어?" 하며 달려듭니다.

"어, 예쁘고 좋은 옷인데 엄청 싸게 나왔어."

"그래? 그럼 엄마, 내가 엄마 생일 선물로 사 줄게. 맘에 들면 사."

"뭐? 이거 싸다는 게 많이 깎아 준다는 뜻이야. 너가 사 줄 수 있는 옷이 아니야."

"알아. 그래도 내가 사 줄게. 나 정말 엄마가 갖고 싶은 걸 사 주고 싶었어. 이거 사 줄 거야."

"아니야. 안 돼. 다른 선물을 줘. 이건 어린이가 줄 수 있는 선물이 아니야."

"싫어! 나 이거 아니면 선물 안 줄 거야. 이거 사. 내가 세뱃돈 안 받았다고 생각하면 돼."

그러면서 꽁꽁 숨겨 두었던 만 원짜리를 몇 장 세어 가지고 나왔습니다.

이놈 참! 아내 생일도 잊고 지나가는 무심한 남편에게 상처받고 아들에게 치유받는군. 거기다 또 이런 세심함까지…….

"엄마, 그런데 너무 두껍지 않아? 이거 겨울에 입는 거잖아."

"맞아. 그래서 이렇게 싼 거야. 한두 번 입고 내년에 입으려고 사는 거야."

"아, 그렇구나. 엄마 그러면 한 치수 큰 거로 사. 내년에도 입게."

(현승아, 엄마는…… 엄마는 말이지…… 내년이 된다고 키가 커지지 않아.)

그렇게 정말 감동적인 선물을 받고야 말았습니다. 날개 없는 천사 현승이에게.

그렇게 엄마의 생일이 지난 며칠 후 함께 마트에 가게 되었습니다. 무선 자동차 하나를 사고 싶어 안달이 난 천사.

"엄마, 그런데 엄마는 왜 내 돈을 맘대로 못 쓰게 해?"

"뭘 못 쓰게 해. 네가 필요한 건 엄마가 다 사 주잖아."

"아니이, 내 돈을 가지고 엄마 선물 살 때는 사라고 하고 장난감은 못 사게 하고."

(어이없어라) "얌마, 니가 사 준다고 졸랐지 엄마가 사 달라고 했어?"

"사실 엄마가 말로는 사지 말라고 하면서 속으로는 좋았잖아.

그래서 몇 번 안 된다고 하다가 못 이기는 척하고 받았잖아."

으아……. 이거 참!

우아……. 얘는 날개 없는 천사야?

아니면, 천사를 가장한…… 음…… 뭐냐? 넌.

현승, 신학을 고민하다

"엄마 나는 천국은 믿어지는데 지옥은 믿어지지가 않아."

"어떻게 안 믿어져?"

"천국은 진짜로 꼭 있는 거 같은데 지옥이 있다는 게 믿어지지가 않아. 그렇게 나쁜 곳이 있을 거 같지가 않다구."

"왜 지옥은 없을 거 같아?"

"하나님이 세상 사람을 다 좋아하시잖아. 그런데 누가 지옥에 가? 하나님이 나쁜 사람도 다 좋아하신다고 했잖아."

"그래? 정말 그러네."

"엄마, 엄마! 그런데 하나님이 뭐든 다 할 수 있는데 나쁜 사람들을 한 번에 다 고쳐 주면 안 돼? 하나님이 탁 하면 나쁜 사람들 마음을 다 고치면 되잖아. 할 수 없어?"

"음……. 그게 할 수 없어서 그런 건 아니지만 그렇게 하지는 않으실 거 같애."

"왜애?"

"엄마 생각에는 하나님이 우리를 진짜 사랑하시고, 진짜 소중하게 생각하시거든. 그래서 나쁜 사람이나 나쁜 마음이라도 자기가 고치기를 기다리시는 거 같애. 기다려 주시는 거야. 그런 게 진짜 사랑이야. 엄마가 너 바이올린 연습하라고 하는데 니가 빨리 안 할 때가 있지? 그럴 때 너 엄마가 계속 기다려 주는 게 좋아? 아니면 꽥 소리 지르는 게 좋아?"

"당연히 기다려 주는 게 좋지.

내가 하려고 하면 꼭 엄마가 바로 그때 화를 내잖아."

"그러니까. 현승이는 알아서 할 수 있는 사람인데 엄마가 소리지르고 화내는 건 싫잖아. 하나님은 엄마 같지가 않아. 참고 기다려 주시는 분이야. 억지로가 아니라 사랑으로 말이야. 바이올린보다 더 더 중요한 일에서도 하나님이 꽉 화내서 다 하실 수 있는 일도 그 사람이 스스로 바꾸기를 믿고 기다려 주셔. 음…… 뭐라고 더 설명할 수가 없네. 엄마는 그게 진짜 사랑인 거 같애."

내향이 묻고 외향이 답하다

내향 현승 : 엄마, 아들 둘 키우는 게 힘들어, 딸 둘 키우는 게 힘들어?

외향 엄마 : 보통 아들 둘이 더 힘들다고 하지.

내향 현승 : 내 생각엔 딸 둘 키우는 게 더 힘들 거 같은데.

외향 엄마 : 왜애?

내향 현승 : 누나가 엄마를 더 힘들게 하잖아. 누나가 말을 너무 안 듣잖아.

외향 엄마 : 아냐, 누나가 말을 그렇게 많이 안 듣는 건 아냐. 누나는 사춘기가 오고 있잖아.

내향 현승 : 그래? 그런데 그렇다고 해도 누나하고 나는 쫌 뭐가 많이 다른 거 같애. 뭔지는 몰라도 좀 달라.

외향 엄마 : 그런 거 같아?

내향 현승 : 엄마, 나는 얌전한 편이야?

외향 엄마 : 글쎄…… 그런가?

내향 현승 : 나는 MBTI로 뭐라고 하더라? 나는 뭐라고 하고 또 누나는 밖으로 그런 거 있잖아.

외향 엄마 : 내향형과 외향형?

내향 현승 : 아, 맞다! 나는 내향형이지? 누나는 외향형이고? 그리고 서훈이도 외향형이지? 엄마, 그런데 나는 외향형들이 막 정신없이 그러는 게 너무 이상해 보여.

외향 엄마 : 왜애? 미친 거 같아?

내향 현승 : 그냥 누가 말을 하는데도 들은 척도 안 하고 마~~악 뭘 그냥 하고…… 좀 이상해. 다 알면서 사람들 말을 잘 안 들어 주고 그러는 거 같아. 외향형은 나쁜 거야?

외향 엄마 : (발끈) 아니지. 외향형들이 나쁜 뜻이 있어서 그러는 게 아니라 그냥 외향형은 말하고 행동하고 떠들고 그러면서 에너지를 얻는 거야. 내향형은 혼자 가만히 있어야 힘이 생기는 것처럼.

내향 현승 : 맞아. 외향형들은 막 말하지. 계속 말해. 우하하하하……. 말이 많아.

외향 엄마 : 그래. 외향형들은 그렇게 얘기하고 떠들면서 주목받는 걸 좋아해.

내향 현승 : 악, 나는 주목받는 게 제일 싫어.

외향 엄마 : 그래도 너가 뭘 잘했다고 칭찬받는 건 좋잖아.

내향 현승 : 아니 아니, 나는 칭찬도 해주지 말고 혼내지도 않

으면 좋아.

외향 엄마 : 사람들이 주목할까 봐?

내향 현승 : 어, 칭찬도 안 받고 혼내지도 않고 그냥 나를 안 쳐
다보면 좋겠어.

외향 엄마 : 그렇구나. 우리 현승이는 주목받는 게 그렇게 부담
되는구나.

힐링 캠프, 모자 편

엄마와 단둘이 자동차를 타고 이동하는 시간에는 현승이의 수다
봉인이 풀립니다. 질문도 많고, 질문에 대한 대답도 무한 길고요.
이게 현승이의 배려심이라는 생각이 듭니다. 집에서 엄마는 집안
일을 하거나, 원고를 쓰거나, 그래도 남는 시간에는 책을 읽으려고
하니까 맘 편히 수다 요청을 못하는 것 같아요. 아주 오랜만에 둘
이 외갓집에 가느라 자동차 데이트를 하게 되어 힐링 캠프 따위는
울고 갈 딥 토킹을 하게 되었지요. 솔직히 말해서, 현승이와의 대
화는 웬만한 어른들과의 대화보다 나을 때가 있습니다.

(무겁지 않은 질문으로 대화를 여는 상담자인지 내담자인지 모르
겠는 현승이)

현승 : 엄마, 내가 빌라에 사는 건 여기가 처음이지? 나는 아파
트에만 살았잖아. 엄마는 빌라에서 사는 거 어때?

엄마 : 뭐가 어때?

현승 : 아파트 살 때하고 비교하면 어떠냐고. 좋다, 싫다 뭐 이
런 거. 여기서 살아서 좋은 점이 뭐야? 망원 시장?

엄마 : 망원 시장은 좋은데 멀지. 명일 시장이 짱이었어. 코앞
이었잖아.

현승 : 아파트는 뭔가 좀 독특한 거 같아. 음…… 그 안에 놀이
터가 있고, 그 아파트 아이들이 놀고…… 다른 아이들은
잘 안 오고. 그런 것 같지 않아? 하여튼 아파트는 뭔가 좀
다른 느낌이 있어. 그런데 내가 빌라에 익숙해졌어. 이런
동네에 살고, 또 여기서 노는 것도 좀 익숙해진 것 같아.

(잠시 말없이 창밖을 바라보다)

현승 : 엄마, 그런데 내 친구 ○○이 있잖아. 엄마 아빠가 아예
없는 건 아니래. 엄마는 미국으로 가서 어디 있는지 모르
지만 아빠는 중국에 있어서 가끔 보기도 한대. 그래서 할
아버지 할머니랑 사는 거야. 그런데 생각해 보니까 ○○

이는 불쌍해도 너무 불쌍해. 엄마 아빠를 아예 보지도 못하고 사는데…….

(친구 ○○이는 현승이가 3학년 때부터 관심을 가지던 친구입니다. 할머니와 살아서 준비물도 못 챙겨와 늘 혼나는 아이. 생일 선물을 받아 본 적이 없다는 말을 듣고 충격을 받아 엄마가 생일 잔치 해주면 안 되겠냐고 했습니다. 그런데 현승이가 시간이 지날수록 오히려 이 친구에게 더 차갑게 대하고 심지어 놀리기까지 해서 선생님에게 혼나기도 했지요. 불쌍한데 자꾸 선생님 말씀을 안 듣고, 그래서 혼나고, 친구들한테도 놀림받을 짓을 자꾸 해서 더 놀림받고……. 이런 걸 보면서 답답해하고 속상해 하면서 차갑게 대하기도 했어요.)

엄마 : 그렇지. 그건 너무 슬픈 일이지. 나이가 어리니까 더 슬프고 가엾다.

현승 : 난 김포 가서 하루 잘 때도 엄마가 얼마나 보고 싶은데.

엄마 : 그러게, 너무 보고 싶지만 하루 자고 다음 날 집에 가면 엄마가 있지만 자고 일어나도, 아침이 돼도 여전히 엄마를 볼 수 없는 건 상상도 못하게 슬픈 일일 거야. 그리고 어린아이들은 그게 얼마나 힘든 일인지 모르고 그냥 자라는 거야.

현승 : 아, 엄마가 겪어 봐서 아는구나. (외할아버지 추도식 시즌이
니까)

엄마 : 엄마가? 아…… 그러게. 그러니까 엄마는 중학생이었으
니까 조금 더 알았지만 더 어렸던 삼촌이 엄마보다 더 깊
이 슬펐을 거라는 생각을 요즘 해.

현승 : 그래? 그러면 외할아버지 추도식 때 삼촌은 울지도 않고
히~ 웃고 그래도 마음으론 더 슬픈 거야?

엄마 : 하하, 지금은 돌아가신 지 오래됐으니까 울 만큼 슬프진
않아. 마음 깊은 곳에 슬픔이 남아 있을 거라는 얘기야.
사실 울거나 표현할 수 있으면 그래도 괜찮아. 어린아이
들은 자기가 슬픈 줄도 모르고, 그걸 모르니까 표현도 못
하지. 김수영 할아버지 돌아가셨을 때 말이야……. 현승
이가 울지 않았잖…….

현승 : 아니야. 엄마. 그만해. 그 얘긴…… 하지 마.

엄마 : 엄마는 이 얘기 언젠가 꼭 하고 싶었는데.

현승 : 아니, 그게 아니고 나는 할 얘기가 없다고.

엄마 : (얘기하지 말라면서도 하고 싶어하는 마음도 느껴져서 밀어 붙이
기로 한다) 현승이가 할아버지를 많이 좋아했고, 할아버
지가 돌아가시는 게 슬펐지만 울지 않았잖아. 그래서 실

은 엄마는 그게 너무 마음이 아팠어. 현승이가 우리 식구 중에 할아버지를 제일 좋아했는데 너무 슬퍼서 울지도 못한 것 같아서.

현승 : 그땐 내가 지금보다 더 어렸어. 누나는 울었잖아.

엄마 : 그러게. 어리기도 했고, 현승이는 사람들 있는 데서 현승이 느낌을 보여 주는 게 불편하지?

현승 : 응. 엄마 그런데…… (잠시 침묵) 나, 사실은 그때 울었어. 장례식 때 밤에 잘 때 혼자 울었어.

엄마 : …….

현승 : 범식이 형이랑 누나들이랑 덕소 가서 잤잖아. 그때 혼자 훌쩍훌쩍 울었어.

엄마 : (엄마 목소리는 갈라지기 시작) 그랬구나. 엄마는 현승이가 너무 슬픈데 울지도 못해서 그게 아직도 마음이 아파.

현승 : …….

엄마 : 그런데 엄마가 현승이 마음 이해돼. 슬픈 게 힘들어서 아예 생각도 하지 않으려고 하는 것. 엄마도 어릴 적에 그랬던 것 같애. 그러다 보면 내가 슬픈지도 모르게 되거든. 그렇다고 슬픈 마음이 없어지는 건 아니야.

현승 : ……그렇구나. 내가 할아버지 생각 일부러 안 했던 건

더 슬퍼질까 봐 그런 거였구나. 맞아. 그런 것 같아.

사실 현승이는 누구보다 할아버지와 깊은 애착 관계였는데 할아버지가 투병하시던 기간, 임종 시에, 장례식에서, 그 이후에도 거의 감정 표현을 하지 않았습니다. 누나가 "넌 왜 울지도 않니?"라고 묻거나 그 비슷한 얘기만 나와도 과하게 화를 내곤 했습니다. 그 마음을 모르는 바 아니라서 지켜보고만 있었는데, 생각지 못한 기회에 이 얘기를 나눌 수 있게 되었습니다. 무엇보다 놀라운 것은 현승이 스스로 '내가 슬픔을 보기 싫어서 회피했다'는 인식을 분명하게 하는 것이었습니다. 있는 그대로 자신의 감정을 인정하기 싫어서 끝까지 방어하는 사람을 대하는 건 힘듭니다. 아니, 완고한 나 자신이 이를 악물고 방어할 때 누군가를 힘들게 할 것입니다.

**'그렇구나. 맞아. 내가 그런 것 같아'라며
진심으로 인정하고 받아들이는 말랑한 영혼이라니!**

훨씬 길고 깨알 같던 대화를 다 옮기지는 못합니다. 현승이에게는 물론이고 엄마에게도 힐링의 시간이었던 것은 분명합니다.

엄마

강의가 있어 대전에 내려가는 중이었습니다. 잠탱이 현승이는 어젯밤부터 "엄마가 일어나서 화장하면 난 그 소리에 깰 수 있어. 엄마 얼굴 볼 거야"라고 하더군요. 잠탱이 현승이가 정말 6시부터 일어나서 안아 주고 "안녕"을 해줬습니다.

집을 나선 지 10분도 되지 않아 전화가 왔습니다.

"엄마, USB 놓고 간 거 아냐? 아~ 회색 아니야? 알았어. 잘 갔다 와?"

기차 탔는데 또 전화가 왔습니다.

"엄마, 아빠 오늘 아침에 회의 있어? 같이 아침 먹을 수 있어? 아~ 그래. 기차 안이야? 알았어. 안녕."

계속 전화하는 이유를 압니다. 현관 앞에서 인사하며 "엄마 가니까 싫다"고 했거든요.

'저녁이면 볼 텐데 뭘 이렇게 유난을 떨지? 엄마 중독자 같으니라구!'라는 생각은 어른 생각입니다.

나도 어릴 적, 엄마와 아빠가 같이 심방 가시고 집에 동생이랑 둘이 있는 게 참 싫었습니다. 엄마가 집에 있어야 좋았습니다. 엄마는 그런 사람입니다. 아이에게.

금방 된통 혼나고 현관을 나가서는 현관 앞에서 넘어져서 아프다고 울며 뛰어 들어와 엄마 품에 안기던 채윤이. 초등학교 1학년 때의 그 일을 잊지 못합니다. 방금 전 고통의 근원이었던 엄마가 세상 밖 고통과 맞닥뜨렸을 때 바로 뛰어들 품이 되는 것이지요.

내가 엄마라니!
내가 이 아이의 엄마라니!

아이들에게 엄마가 어떤 존재인지 아이의 맘으로 생각하면 현기증이 납니다.

가장 두려울 때, 외로울 때 부르는 이름이 "엄마, 엄마"입니다. 그런데 정작 엄마는 그다지 위대한 존재가 못 됩니다. 위험에서, 위험 앞의 두려움에서, 외로움에서 아이를 도와 건져 낼 힘이나 능력이 없는 존재입니다. 그래도 아이들은 가장 위급한 상황에선 "엄마, 엄마"를 부릅니다.

엄마 중독자 현승이의 전화가 왜 이리 미안하고 아픈지 모르겠습니다. 아이의 영정을 품고 아스팔트 바닥에서 밤을 지새운 단원의 엄마들 생각이 자꾸만 납니다. 이 엄마들 가슴에 울리는 아이의 "엄마, 엄마"는 뼈에 사무치는 고통일 텐데……. 아, 나는 그 고통을 상상할 수도 없습니다.

엄마 껌딱지 현승이의 "엄마" 소리에 눈물이 납니다. 달리는 기차 안에서 자꾸 울게 됩니다.

사랑해 줘서, 좋아해 줘서 고마워

엄마가 컴퓨터를 하면 모두 컴퓨터 방으로!

침대에 누워 있으면 모두 침대로!

거실에서 책을 보면 모두 거실로!

주방에서 일을 하면 모두 식탁으로!

아이들 놀이의 수칙 중 하나입니다. 엄마 따라다니면서 놀기.

그렇다고 놀이에 엄마를 참여시키는 것도 아닙니다. 그저 엄마가 있는 장소에서 지들끼리 노는 것입니다.

"제발 좀 저리로 가서 놀아.

엄마도 혼자 좀 있어 보자."

이렇게 구박하는 날이 많았는데……. 오늘 오전에 거실에 앉아 책을 읽는데 어느새 이 녀석들, 엄마 옆에 와서 그림을 그리고 있네요. 엄마라고 그렇게 좋아해 주고, 따라 다녀 주고, 사랑 좀 받아 보려고 치대고……. 그러는 아이들에게 새삼 고맙다는 생각이 듭니다.

채윤이 한 살 두 살 때의 재롱이 벌써 이렇게 사무치게 그리운데, 그 시절 그리운 건 알면서도 지금 이 순간 행복을 모르는 어리석은 엄마입니다.

불과 몇 년 후면, "저 오늘 목장 모임 안 가면 안 돼요? 엄마, 아빠만 다녀오세요"라든가, "저는 오늘 친구들 만나기로 했어요" 하면서 자신의 길을 가겠지요.

지난주 저녁에 남편이랑 "얘들아! 엄마, 아빠 오랜만에 데이트 좀 하고 올게. 엄마가 마음이 우울하대. 그러니 엄마, 아빠는 나가서 맛있는 커피 한 잔 마시고 올게. 할아버지, 할머니하고 있어" 했다가 김채윤, "제발요. 엄마, 아빠 데이트하는 데 조용히 할게요. 힘들게 안 할게요. 우리 데려 가세요!" 하는 통에 어찌나 애를 구박해댔는지 모릅니다.

일곱 살 채윤이,

네 살 현승이.

오늘의 모습에 감사할 것을 다시 생각해 봅니다.

오늘, 이 순간.

이것은 참으로 소중하고,

다시는 돌아오지 않는 것인데…….

20

어린 시인, 꼬마 철학자

〜〜〜〜〜〜〜〜〜〜〜〜〜〜〜

신혼 1년 동안 집에 텔레비전을 두지 않기로 했다. 1년 동안은 서로 다른 환경에서 살아온 방식을 이해하고, 조율하며 서로를 깊이 이해하는 데 집중하자는 뜻이었다. 무엇보다 처음 1년이 중요하다는 의미였는데 그렇게 1년을 지내고 보니 굳이 텔레비전을 살 이유가 없었고 덕분에 우리 아이들은 텔레비전도 없이 자라는 가엾은 천국의 아이들이 되었다. 부모님과 함께 살던 때가 있었는데, 텔레비전 맛을 모르던 아이는 할머니가 보시는 아침 드라마부터 일일 연속극, 주말 연속극까지 꿰면서 몰입하기도 하였다. 유치원, 학교에 가서는 '집에 텔레비전 없는 애는 나밖에 없다'면서 우리도 사자고 데모를 하는 때도 있었으나 금세 놀이에 빠져 잊곤 하였다.

텔레비전 없이 지내면서 얻은 가장 큰 것은 '시간'이다. 저녁 식사를 마치면 엄마 아빠는 커피 한 잔을 앞에 놓고 이야기꽃을 피우고, 그 옆에서는 아이들의 네버엔딩 놀이가 펼쳐지곤 했는데 시간과 시선 잡아먹는 귀신 텔레비전이 없는 덕이라고 생각한다. 거실의 텔레비전 자리에는 신혼 초부터 책장과 오디오가 자리를 차지하고 있었는데 누나의 사춘기가 시작되며 둘만의 놀이가 시들해져 갈 무렵, 현승이는 자연스레 책에 빠져들었다. 게다가 놀이의 신 누나 덕에 눈뜨면 상상 놀이, 창작 보드 게임 등으로 소일하던 탓에 컴퓨터 게임이나 다른 게임 기계를 접할 기회가 거의 없었다. 유행이 지나가서 시들해질 무렵 닌텐도를 손에 넣고 세상을 얻은 듯 좋아하더니 그닥 재미를 붙이지 못했다.

꼭 그 때문만은 아니겠지만 현승이는 자라 가며 남다른 감성과 철학적인 사고로 시를 짓고 글을 써내곤 한다. 부부가 모두 좋아하던 시인 다형 (茶兄) 김현승 님을 염두에 두긴 했지만 시인이 되라는 뜻은 없었다. 그런데 남다른 감성으로 자연을 바라볼 줄 알고, 사람의 정서를 헤아려 글을 써내곤 하니 작명, 함부로 할 게 아니구나 싶다. 게다가 아기 적부터 '낮의 엄마'로 키워 주신 할아버지가 갑작스럽게 말기 암 판정을 받으시고 돌아가시는 과정이 티슈 같은 감수성의 아이에게 깊은 슬픔과 상흔을 남긴 것 같다. 엄마 아빠로선 어쩔 수 없는 선택이었지만 원치 않는 이사와 전학 역시 정서적인 충격이 된 듯하다.

아이의 성품이나 재능이 환경이냐 타고난 기질이냐는 논의에 명쾌한 답이 없는 것처럼 현승이가 가진 섬세한 감성의 결이 단지 집에 텔레비전이 있고 없고의 문제는 아닐 것이다. 다만 조금 느리고, 아날로그적이고, 기계 아닌 자연과 사람을 가까이하는 환경은 아이들에게 언제나 유익하다는 생각이다. 특히 손 안에 컴퓨터 한 대씩 가지고는 고개 들어 상대와 눈 한 번 맞추기 어려운 세상에서는 말이다. 현승이 역시 그런 집 밖의 세상에 자연스럽게 젖어 살게 될 텐데 그날이 오기 전까지 지켜 주고 또한 누리는 것이 엄마의 책임이고 특권인 것 같다.

매실

2013년 6월 18일 화요일, 비

우리 엄마는 오늘 매실을 아주 많이 샀다. 왜냐하면 매실 원액을 만들기 위해서다. 하지만 나는 매실과 관련된 슬픈 사연이 있다.

작년에 할아버지는 간암 때문에 병원에 계셨다. 돌아가시기 하루 전 할아버지 병원 옆에 있는 공원에서 산책을 하였다. 매실나무가 있어 나는 매실을 따 할아버지께 드렸다. 할아버지는 다음 날 돌아가셨고 결국 매실이 나의 마지막 선물이었다.

나는 정말 슬프다.

매실액을 담그려 매실을 손질하며 준비를 하고 있는데 현승이가 괜히 주변을 맴돌더니, "엄마, 나 이제 매실 못 먹을 거 같아"라고 합니다. 매실액에 얼음을 넣어 마시며 여름을 나는 현승이가 이게 무슨 말이랍니까?

"슬퍼서……. 엄마, 할아버지 병원에서 마지막에…… 그 열매 있잖아. 그거 매실이야. 지금 보니까 알겠어. 정말 딱 이렇게 생겼어."

할아버지가 돌아가시기 전날에 네 식구 모두 병원에 있었습니다. 햇살 좋은 초여름 날이었습니다. 모르핀 때문에 잠만 주무시는 할아버지를 '코빵'(아, 할아버지가 채윤이 현승이를 키우실 때 유모차를 그렇게 부르셨습니다. 거기 태워 흔들흔들 밀어 재워 주셨고, 동네 구석구석을 구경시켜 주셨지요. 할아버지가 마지막에 타신 휠체어는 '코빵' 같은 느낌이었습니다)에 태워 모시고 산책을 했습니다. 삼부자가 산책을 하면서 매실나무 아래서 쉬었던 모양입니다. 아빠가 현승이를 안아 올려 매실 열매 두 개를 따게 해주었습니다.

현승이는 매실 하나는 자기 주머니에, 하나는 할아버지께 드렸습니다. 드렸지만 받지는 못하시기에 침대 옆에 놓아 드렸습니다. 다음 날 할아버지의 임종 소식을 듣고 병원으로 달려갔습니다. 엄마 아빠 누나가 할아버지를 붙들고 울고 있는 사이 현승이는 곁에 오지 않았습니다. 그 병실에 들어오지도 않았습니다. 임종 시에 예배를 인도하셨던 목사님이 밖으로 배회하는 현승이를 챙기셨던 것 같습니다.

장례식을 마치고 현승이가 그랬습니다. 할아버지 돌아가시고 엄마가 울고 있을 때 혼자 입원하셨던 침대에 가 봤는데 매실 열매는 없어졌더랍니다. 자기 주머니에는 어제 그 매실이 있는데 말이죠. 그래서 그 매실을 밖에다 던져 버렸답니다. 화가 나서 그랬다는군요.

엄마가 매실 다듬는 것, 설탕 10킬로그램을 사서 들고 오는 것,

담그는 것을 옆에서 조잘대며 도와주었습니다. 그리고 밤에 이런 일기를 썼습니다. 현승이 잠든 밤에 일기를 보고는 눈물이 핑 돌 았습니다.

> "현승아, 현승아" 부르시던 아버님의 목소리가
> 사무치게 그립습니다.

이사

제목 : 이사
이사한 곳을 지나가면 뭔가 마음에 걸린다.
마치 무엇을 두고 온 것 같다.
수영장에 수영복을 두고 오듯
학교에 공책을 두고 오듯
이사한 곳에 마음을 두고 왔다.

아빠의 사역지에 따라 서울 동쪽 끝에서 서쪽 끝으로 이사한 지 몇 개월. 할머니 댁에 가느라 암사동 옆 올림픽대로를 지나고 있었습니다.

"엄마, 나는 여기를 지나가면 마음에 뭐가 걸려. 홈타운이나 또 엘지 같은 데 생각하면 뭐가 좀 마음이 걸리고 찌릿하고 그래."

그게 무슨 마음이냐고 물었더니, '뭔가 두고 온 것 같은 마음'이라네요. 원치 않는 이사를 자주 해서 그리운 친구가 많은 김현승. 맘에 맞는 친구가 참 많았는데 모두 헤어져 그립기만 하지요. 마지막 문장에서 마음이 쿵 내려앉네요. 이사할 때는 마음을 꼭 챙겨서 갖고 와야 할 일입니다.

가로등

제목 : 가로등

지나가는 사람들을

다 보고 강아지도 본다

하지만 사람들은 나를…….

본 체도 안 하지…….

밤이 되면 사람들 갈 수 있게

환하게 비춰 주는데도

밤길을 걷다 한 번쯤 고개 들어 가로등을 바라봐 주다. 본 체도 안 하고 지나쳤던, 무심했던 지난 날들에 대해 미안하다 사과하며.

엄마 원고

2013년 10월 23일 수요일, 맑음

우리 엄마는 원고를 쓴다. 책 서평도 쓰고 에니어그램에 관한 글도 쓰고 MBTI에 관한 글도 쓴다. 그리고 음악 치료에 관한 글도 쓴다. 그런 엄마가 자랑스럽긴 하지만 원고를 쓸 때는 싫다. 왜냐하면 엄마 성격도 훨씬 까칠해지고 내가 좀 무엇을 도와주고 싶지만 그냥 가만히 내 할 일이나 하라고 한다.

내가 이 일기를 왜 쓰냐면 바로 지금 옆에서 엄마가 원고를 쓰고 있다. 엄마가 성격이 까칠해진다는 것은 조금만 말해도 대답도 안 하고 짜증만 낸다. 그래서 원고를 쓸 때는 엄마를 좀 배려해야 한다.

엄마에게는 공포의 배려이긴 하다. 가만히 두는 게 도와주는 건데 몰입을 할라치면,

"엄마, 잘 써져?"

"엄마 그런데~에, 나 이번 토요일에……."

사실 고문에 가깝다. 그럼에도 아들의 마음은 정말 알겠다.

사실이 아닌 사실

2013년 9월 18일 목요일, 맑음

나는 어제 수학 학습지를 하다가 드디어 약분과 최대 공약수라는 것을 배웠다. 엄마가 최대 공약수를 써 가면서 하라고 했다. 나는 좀 풀다가 종이에 안 쓰고 바로 최대 공약수를 얻는 방법을 알아냈다. 엄마한테 이야기를 해주고 있었는데 문득 '내가 알아낸 사실이 내가 그 사실을 만들어 낸 게 아니라 원래 있던 사실을 내가 깨달은 것'이라는 생각이 들었다.

그 이야기를 또 엄마에게 해주었다. 세상에 유명한 과학자들이나 연구원이 힘들게 실험에서 얻어 낸 사실이 그 사람이 만들어 낸 게 아니라 원래 있던 사실을 우리는 깨닫기만 한 것이었다.

결국 사람이 만든 사실은 없다. 나는 조금 있다 이런 생각까지 들었다. 우리가 알아낸 사실이 우리가 만든 것이 아니라 깨달았다는 그 사실조차 원래 있다는 사실이었다. 이런 생각까지 한 내 자신이 자랑스럽기도 하고 이렇게 어려운 생각까지 하게 한 그 사실에 대해 화가 나기도 했다.

인식론과 존재론을 넘나드는 이런 사유를
엄마는 서른 살이 넘어서 했던 것 같은데,

열한 살인 네가 이 사실을 깨달았다는 사실이 믿어지지가 않는 구나.

천국

2013년 8월 15일 목요일, 맑음

나는 어제 천국에 왔다. 죽었다는 말이 아니라 할머니 집에 왔다는 뜻이다. 왜냐하면 할머니 집에서는 컴퓨터, 텔레비전을 맘대로 할 수 있어서다.

어제 와서 잤다. 그래서 이제 집에 갈 시간이 되면 탄식이 나온다. 하지만 여기만 좋은 것이 아니다. 그래도 자기 집이 가장 편한 건 당연하다. 나 역시 그렇다. 할머니 집에 갈 때는 정말 좋지만 막상

자면 엄마나 아빠가 보고 싶기도 하다.

어쨌든 할머니 집은 천국이다.

'탄식이 나온다'더니 '그래도 집이 가장 편하다'고?

영혼 없는 훈훈한 마무리가 더 씁쓸하구나.

― 지옥, 염라 대왕 백

삶과 죽음

2013년 4월 17일 수요일, 맑음

나는 잠시 생각해 보았다. 삶과 죽음의 대해. 그러다가 나는 이렇게
생각해 보았다. '어차피 사람은 죽을 것인데 왜 살지?' 나는 이 생각
이 너무나 궁금했다. 엄마한테도 물어 보았지만 엄마도 잘 모르겠
다고 했다.

나는 '삶' 그 자체가 시간 낭비인 것 같다. 왜냐하면 그야 당연히 사
람은 죽으니까. 하지만 따져 보면 그렇게 나쁜 것도 아니다. 왜냐하
면 살면서 부모님의 사랑도 받고 선생님에게 칭찬도 받고 생일 선
물도 받으니까. 그래서 나는 기왕에 이렇게 된 것 죽을 때까지 열심

히 살아야겠다.

삶과 죽음에 대해서 고민하던 열한 살의 현승이가 살아야 할 이유를 발견했는데, '부모님의 사랑도 받고, 선생님의 칭찬도 받고……'란다. 그렇다.

우리가 살아야 할 이유이며 목적은 사랑이다.
엄마가 마흔이 넘어 오춘기를 겪으며
손으로 만지게 된 진리를!
현승이는 벌써 꼬리를 잡았다.

물론 생일 1주일 전 일기라는 게 함정이긴 하다. 어쩌면 이 일기의 주제는 '삶과 죽음'이 아니라 '생일 선물도 받고'일지 모른다는 생각이 갑자기 스친다.

21

어른 채윤이와 만나다

심증은 있었지만 설마설마했고, 확 믿어 버리기엔 아기 채윤이와의 추억
이 너무나 애틋했다. 얼마 전 "나를 현승이와 다르게 대해 줘. 난 3학년이
아니고 6학년이라고! 똑같이 애들 취급하지 말라고" 했다. 다르게 대해 달
라는 내용 또한 명확했다. 화낼 수 있는 권리를 주고(언제는 마음대로 화를
안 냈나?), 자신이 예민할 때니까 그러려니 하고 받아 달라는 것이었다. '요
거 봐라' 하면서 조금 가볍게 넘겼다.

오늘 또 다른 일로 설전이 시작되고 감정이 격해지면서 채윤이의 태도
와 눈빛, 말투에 놀랐고 당황했다. 마주하고 있는 이 아이가 내가 젖 먹이
고 기저귀 갈아 주던 내 아기가 아니라 완전히 독립체, 타자, 너라는 인식
이 되면서 자세를 고쳐 앉게 되었다.

중간중간 대화 결렬의 위기가 있었다. 그것은 순전히 위엄을 상실한 엄

마로서 마지막 남은 자존심으로 판을 깨 버리고 싶은 충동이었다. 진심으로 절망스러웠다. 채윤이 입에서 나오는 엄마의 실체란……. 채윤이가 느끼는 엄마의 실체를 줄줄이 쏟아 내는데 충격이었다. 화가 치밀어 올랐고 따귀라도 한 대 치면 속이 후련해질 것 같았다. 협박도 했고 화도 냈다. 그런데 이글거리는 엄마의 눈빛에 맞서 이 아이의 눈빛이 결코 뒷걸음질 치지 않는다. 무서워하지도 않는다.

이제껏 써 오던 혼내는 모드로는 안 된다는 직감이 왔다. 막막하고 아득해졌다. 순간적으로 남편과 언쟁을 할 때처럼 자세를 가다듬어야 한다고 생각하고 마음을 고쳐먹었다. 정신을 가다듬고 마음으로 기도하며 다시 얘기했다. 내가 엄마로서 어떤 원칙을 가지고 무엇을 감수하며 양육하고 있는지, 그래서 가진 자부심과 좌절과 부끄러움을 또래 엄마들에게 나누듯 이야기했다. 그리고 "엄마는 길을 잃은 것 같아. 좋은 엄마 되고 싶었는데…… 방법을 모르겠다"라는 솔직한 고백이 이어졌다.

아, 그런데 그 순간 채윤이 눈에 눈물이 차오르며 가득 서려 있던 독기를 밀어내는 것 같았다. 이제 성인이다. 채윤이가 어른이다. 인간관계의 갈등 해결은 누군가 먼저 무장 해제 하는 것으로 시작한다. 잘잘못을 따지는 논리의 경합으로는 불가능하다. 누군가 자신의 약점을 드러내고 무기를 내려놓으면 상대에게도 무기를 내려놓게 하는 힘을 준다. 내가 그렇게 강의하곤 했었다. 성인 채윤이와 논리로 싸웠고, 그러다 극한 감정을 경험했고, 일순간 방향을 전환하여 논리를 버리고 정직하게 마음을 고백하니 놀랍게도 말이 제대로 오가기 시작한다.

처음으로 채윤이와 사람 대 사람으로 대화를 했다. 혼내고 가르치는 통제로서의 일방적인 대화가 아니라 사람 대 사람의 대화다. 서로 못할 말을 해서 상처도 남겼지만 긴 시간 포기하지 않는 대화가 이어졌다. 그리고 결국 그 자리에서 눈물로 손을 맞잡는 윈윈의 끝을 보았다. 할렐루야! 대화를 마치고 엄마가 기도해도 되겠느냐고 했더니 눈물로 답했다. 내 덩치만 한 채윤이를 안고 기도했다.

"하나님, 아주 작은 갓난아기로 제게 처음 왔던 채윤이가 이렇게 자랐습니다." 목이 메였다.

진실로 그러하다. 내 몸을 통해 나온 2.9킬로그램, 48센티미터의 아기가 이제 동급의 인격체로 우뚝 서고 있다. 어른이 되어 가는 성장통은 채윤이만의 몫이 아니다. 이제 나는 아이의 엄마가 아니라 어른의 엄마가 될 준비를 시작해야 하는 것이다.

어린이 감별법

"엄마, 엄마가 누나 사춘기라고 했지? 그런데……. 누나 사춘기 아니야. 사춘기인 척하는 거야. 내가 생각해 보니까 어린이인지 아닌지 아는 방법이 있는데…… '놀이터다!' 이렇게 해 보면 돼. 그럴 때 '어디, 어디? 놀이터 어디?' 이러면 애들이고, '놀이터다!' 그렇게 해도 상관도 안 쓰고(상관을 쓰다? 신경을 안 하다?) 그냥 딴 데 보고 그러면 더 이상 어린이가 아닌 거야. 그런데 누나는 놀이터 있다고 하면 '어디, 어디?' 막 그래. 누나는 아직 사춘기 아니야. 어린이야."

들고 보니 그럴듯한데…….

그런데 현승아, 사춘기 아니고서는
네 누나의 레이저 나오는 눈빛을
설명할 방법이 없다.

뇌가 뒤집어지다

사춘기가 되면 뇌가 한 번 뒤집어진답니다. "뇌가 뒤집어진다니

까 마음 단단히 먹어야 해"라며 또래 엄마들과 심기일전한 적이
있습니다. 우리 채윤이 사춘기가 오나 보네요.

뇌가 뒤집어지고 있나 봐요.
앗싸! 초등학교에 들어가서 처음으로
수학 시험 100점을 맞아 왔습니다.

단원 평가 같은 가벼운 시험에서야 드물게 100점도 받아 봤지
만 이번엔 무려 기말 고사입니다. 1학년이 아니라 6학년 수학 아
닌가요. 학원을 다녀 본 적도 없고, 그렇다고 평소에 공부를 하는
것도 아니고, 게다가 요즘은 피아노 연습하느라 공부는 아예 손을
놓고 있었는데 말이죠.

"아빠, 아빠는 그 정도밖에 안 좋아? 이건 진짜, 내가 어려운 수
학 시험 100점을 맞았다구."

그게 뭐 대단한 일이냐며 시큰둥한 현승이에게도 "현승아, 누
나가 이런 시험에서 수학 100점을 맞은 건 처음이야"라고 힘주어
말합니다.

채윤이가 3학년 때의 일입니다. 현승이가 수영하는 동안 채윤

이와 함께 학부모 대기실에서 기다리고 있었습니다. 다음 날 한자 경시 대회라서 채윤이는 한자를 외우겠노라며 옆에서 낑낑거리며 쓰고 있었지요. 어떤 엄마가 "어머, 얘 너 공부 진짜 열심히 한다. 공부 잘하겠구나" 하니까 우리 채윤이 "저는요, 학교 들어가서 지금까지 100점을 맞아 본 적이 한 번도 없어요. 하하(천진난만 미소 팡팡)"라고 했습니다. 그 엄마, 무슨 대단한 치부를 들어 버린 것처럼, 흘러내린 치마를 얼른 주워 입혀 주듯, 애 등짝을 스매싱하듯 내려치며 "아이고, 그런 말은 그렇게 하면 안 되는 거야" 하면서 수습을 해주었습니다. 그러자 채윤이, "진짜예요. 엄마 진짜지~이?"

사실 이날, 이 순간을 생각하면 웃음이 실실 나오며 기분이 좋습니다. 채윤이의 천진난폭 순진무궁의 태도가 자랑스럽고, 당황하던 엄마의 모습이 재밌고 그렇습니다. 뭘까? 어린 채윤이가 이 시대, 즉 성적과 스펙에 목 졸리는 시대를 비웃어 준 느낌이랄까요? 내가 아이들 성적에서 온전히 자유롭다는 말이 아닙니다. 지난 수년간 채윤이에게 수학 공부를 시키면서 허리케인 같은 분노를 쏟아 낸 적이 한두 번이 아닙니다. '내 아이는 당연히 공부 잘하는 아이가 될 것'이라는 환상을 내려놓기까지 얼마나 마음이 무너지고 또 무너졌었는지, 그리고 사실 지금도 가끔 두렵고 불안한

게 사실이고요. 다행인 건 '공부 잘하는 아이에 대한 환상과 기대'를 아주 빨리 접고 자유로워질 수 있었으니 그 점을 채윤이에게 무한 감사드립니다.

뇌가 뒤집혔는지 어쨌는지 채윤이가 받아 온 수학 100점에 기분 좋지만, 스스로를 성적으로 줄 세워 찌그러지지 않는 모습에 더 뿌듯합니다. 정작 엄마인 내가 그럴 수 있어야 함을 압니다. 뭐든 줄 세우는 이 사회, 이재철 목사님 말씀대로 아이들을 직선 위에 줄 세워 키우는 이 사회에서 일등도 없고 꼴찌도 없는 원 안에서 아이를 양육하는 당당한 엄마가 되고 싶습니다. 이건 진정 엄마의 문제입니다.

엄마 뇌가 뒤집어져야 아이들이 삽니다.
진정 그러합니다.

성격 좋은 사춘기 아이

일을 하고 들어와 몸이 노곤하고 피곤한데 채윤이가 스스로 우동을 먹겠답니다. 엄마는 힘들면 쉬고 있으라고 사용 설명서(잉? 사용 설명서?) 잘 읽어 보고 끓여서 둘이 먹겠답니다. 이게 웬 떡이냐 싶어서 "그래그래" 하고 누워 있었습니다. 주방이 요란스럽더니 금방 현승이가 달려와서는, "엄마, 누나가 물이 끓는다는 게 뭔지 물어보래. 어떻게 돼야 끓는 거야?" 하길래, 어쩌구저쩌구 대답해 주었지요. 다시 금방 다다다다 달려와서는, "엄마, 누나가 물이 끓지도 않았는데 우동을 넣었어"랍니다. "으이그, 쉽게 두지를 않아요!" 하고 나가서 바가지로 욕을 퍼부으며 사태를 수습하고 있는데 채윤이가 주방 바닥에 엎드려 큰절을 하면서, "죄송합니다, 어머니. 물을 보니까 그냥 넣고 싶었습니다" 이럽니다. 참 노여움도 안 타고 삐지지도 않는 성격이라니…….

"으이그, 성격은 좋아 가지구!" 하고 웃었습니다.

옆에 있던 현승이가, "어, 누나 갑자기 칭찬받았다."

이에, 성격 좋은 누나가 말을 받았다.

"현승아, 이건 칭찬이 아니야. 말하자면 우리가 어떤 잘못을 할 때 엄마가 '자~알한다, 자~알해!' 이렇게 하는 거 하고 똑같은 거야. 그니까 칭찬이 아니야. 낄낄낄낄……."

정말 성격 좋습니다.

누나

"현승이 엉덩이에서 방구가 출출출~♬"

볼프강 아마데우스 모차르트를 능가하는 음악적 창의력으로 애기 적부터 여러 창작곡을 내놓았던 채윤이. 그 많은 곡 중에서 스스로 가장 만족스럽게 여기며 애창하고 있는 일명 '현승이 방구송'입니다. 자신이 만든 많은 곡을 다 잊어버린 지 오래지만 이 곡만은 싱어송 라이터 자신이 사춘기가 된 오늘에 이르기까지 아침저녁으로 부르고 또 부릅니다.

자기보다 더 어린데다, 더 귀엽고, 더 착한데다, 더 눈치도 빠른 현승이가 얄미워서 어쩔 줄 모르겠는 그때, 마음을 달래는 주문 같은 노래지요. 저 짧은 노래에 첫째로 태어난 누나의 한이 글자마다 서려 있는 것 같습니다. 그 한을 방구로 풀어내는 풍자와 해학이라니!

강의로 온종일 엄마가 집을 비운 어느 날이었습니다. 현승이 밥을 챙겨 주고 레슨을 가려고 했는데 놀러 나간 녀석이 시간이 지나도록 돌아오지 않자 식탁 위에 남기고 간 누나의 마음입니다.

현승아,

밥, 전자렌지에 1분 돌려서 장조림이랑 먹어

- 누나 -

누나는 그런 존재입니다.

미워할 때 미워하더라도 챙길 건 챙기는 누나.

현승이 엉덩이에서 방구가 출출출…… 원활하게 나오도록 끼니를 챙겨 먹이는 것을 소홀히 하지 않는 누나입니다.

별게 다 부러운 남자

"엄마, 내가 쩨~일 해 보고 싶은 게 뭔 줄 알아? 뭐냐면…… 내가 이렇게 가방을 들고 걸어가. 그런데 친구를 만났어. 친구가 나한테 '현승아, 너 어디 가?' 그래. 그러면 내가 '음, 나 학원 가.' 이렇게 말하고 그 다음에 '나 학원 가야 돼서 못 놀아' 이렇게 말하는 거야. 꼭 이렇게 해 보고 싶어."

항상 놀 준비가 되어 있으나 놀 친구가 없는 현승이. 그래서 친구들 학원 시간을 줄줄이 꿰고 있지만 요즘 세상에 노는 게 쉬운 일이 아닙니다. 학원 다니는 애들이 부러운 건 아니고 꼭 이 장면은 한번 연출해 보고 싶다는데 어떡하죠?

태어나 보니 누나가 '놀이의 여신' 김채윤이었고, 이에 관한 한 정신적인 지주와 실질적인 이끔이로서 정말 재밌는 세상을 살도록 해주었는데요. 6학년이 된 누나가 갑자기 예술 중학교에 가겠다며 피아노에 매달리기 시작했습니다. 아주 작은 빌라들이 빽빽하게 들어선 합정동 끝자락의 주택가에는 놀이터도 없고, 놀이터를 찾아 망원동까지 가 봐도 조무래기 아가들밖에 없어요. 우리 현승이 목에 힘주고 "나 학원 가야 해서 못 놀아" 이거 한번 누려 보도록 해줘야 할까요?

누나, 안녕

"엄마, 중학생이 되면 원래 재미가 없어져? 아니~이, 누나가 그래 보여서. 웃기는 웃는데 즐거워 보이지가 않아. 맞아. 누나는 원래 진짜 즐거운 사람인데…… 너무 안타까워. 나중에 다시 즐거움이 돌아와? 누나가 학교 갔다 집에 올 때, 모습이 쫌 그래. 기운이 없

어서 그렇게 보이는 거야? 학교가 멀어서? 피곤해서? 그래서 이러
~어케 하고 들어오는 거야? (누나한테 직접 물어보라고 했더니, 갑자기
눈가가 빨개지면서) 내가 그걸 어떻게 물어봐? (뭘 어떻게 물어보냐고,
그냥 물어보면 되지 했더니, 왈칵 울음이 터지면서) 엄마는 지금 무슨 얘
길 하는 거야. 내가 물어보면 누나가 대답해 줄 것 같애?"

현승이, 태어나 보니 채윤이 누나의 동생이었던 것입니다. 세상
에 이보다 더 재밌을 수 없는 놀이의 신을 누나로 두다니 말이죠.

내향성이 강한 현승이가 가진 상상력과 표현력은
누나님 인도하신 놀이의 힘일런지도 모릅니다.

베개를 보면 쌀 차 놀이, 책상 위 스탠드를 보면 치과 놀이, 음
악 틀고 춤 놀이, A4 종이 한 장에 가득 메뉴를 적어서 식당 놀이,
카페 놀이, 물감 놀이, 박스를 보면 택배 놀이, 빈 돼지 저금통을
보면 돼지 몰기 놀이, 그 많았던 놀이에 이름을 다 붙일 수도 없습
니다.

그랬던 누나가 '청소년기'라는 전혀 다른 세계로 떠나려 합니
다. 게다가 딱히 알 수 없지만 그 과정은 쉽지 않은가 봅니다. 중
학교, 그것도 예술 중학교라는 새로운 환경에 적응하느라 전에 없

이 무거워진 누나. 누나가 웃어도 그 웃음에서 즐거움을 읽어 낼 수가 없지요. 누나, 그렇게 힘드냐고 물어볼 수조차 없는 현승이의 안타까운 마음. 떠나는 누나, 떠나보내는 현승이. 성장할 때입니다.

마음 한구석이 텅 비는 것 같은 느낌,
그것은 성장통의 다른 이름일 것입니다.

엄마 아빠도 예외는 아닙니다.

지브리와 함께

경주 여행을 마치고 올라오는 길에 포항으로 해서 영덕까지 해안
도로를 달렸다. 2박 3일 여행 동안 가장 좋은 시간이 되었다. 그저
달리기만 해도 좋을 바닷가 길이지만, 바다 색깔이 투명하게 파란
것이, 말로 할 수 없이 예뻤다. 뒷좌석 DJ 채윤이는 지브리 영화
OST를 다양한 버전으로 틀어 주었다. 아, 현승 DJ는 일이 있어 먼
저 고속버스로 올라가서 아쉬움 반, 편안함 반이었다는 것을 말해
두어야겠다. 두 아이는 성격처럼 음악 취향 또한 현격하게 다르
다. 그것도 참 좋은 일이다. 다른 취향을 주제 삼아 하염없이 수다
를 떠는가 하면, 각각 피아노와 기타를 맡아 듣기 좋은 연주를 하

며 노는 걸 보면 뿌듯하기 그지없다.

그런데 자동차 안 뮤직 박스만 되면 두 아이가 취향 충돌로 예민해지곤 한다. 네 사람, 특히 엄마, 아빠의 취향 저격이 관건인데, 은근한 경쟁이다. 앞 좌석 엄빠 관객의 뜨거운 반응이 갈등의 씨앗이 되는 것 같기도 하고. "곡 너무 좋다. 이 분위기에 딱이야!" 이러기라도 하면 다음 순서 DJ의 선곡에 상당한 힘이 들어간다. 그러다 "야, 볼륨 좀 줄여"라는 말 한마디에도 분위기는 얼어붙고 만다. 그러다 "나는 잘래. 누나가 계속해" 같은 말이 나오면 뮤직 박스는 거의 끝나는 것이다. "아, 뭐어?" "어쩌라고." 짧은 몇 마디 후에는 퍽, 퍽, 퍽퍽, 퍽퍽퍽……. 굳이 백미러를 들여다보지 않아도 훤히 보이는 소소한 육박전이다. 아직 진행 중인 20년 전쟁, 언제 어디서나 수시로 발발하는 남매간 전쟁이다.

현승이 없이 단독 DJ를 맡은 채윤이가 그 어느 때보다 행복해 보인다. 죽이 맞을 때는 이보다 더 좋을 수 없는 음악 친구 또는 레슨 학생 현승인데. 삐끗하여 어긋나면 20년 넘은 얄미움을 소환하는 그런 김현승이다. "으으, 김현승 싫어." 고속버스 터미널에 내려 혼자 걸어가는 뒷모습에 누구보다 짠해서 돌아보고 또 돌아보는 마음 또한 20년 된 누나 마음이다. 그래도 어쨌든 '동생'이라는 애증의 존재 없이 엄마 아빠를 독차지하고 단독 DJ를 꿰찬 채윤 DJ의 기분은 플레이 리스트만으로 충분히 전해진다. 우리가 사랑하는 지브리 애니메이션 OST가 다양한 버전으로 울려 퍼지고, 오른쪽 차창에 펼쳐지는 소나무 숲과 그 사이로 보이는 푸른 바다는 뮤직비디오 같았다. 붙들고 싶은 아름다운 순간이었다.

"엄마가 우리 어릴 적에 지브리 영화 보여 준 것은 참 잘한 일이야. 디즈니 애니메이션은 거의 안 보여 줬잖아. 지브리 아니면, 픽사를 보여 줬지. 그렇게 키우길 잘 했어. 엄마."

다 커서 이런 말을 다 하네! 집에 텔레비전을 두지 않았고, 닌텐도나 PC 게임도 시키지 않았기에 비디오 가게에서 DVD를 빌려 보는 것이 아이들에게 큰 기쁨이었다. 접근 가능했던 지브리의 모든 영화를 보고 또 봤다. 개봉하면 달려가서 봤고, DVD를 빌려 다시 보았다. 빌려 볼 수 없던 〈미래 소년 코난〉은 아예 사서 소장을 했다. 한때 우리는 미야자키 하야오의 세계에 살았었다. '보여 줬다'기보단 내가 좋아서, 나 좋자고 '보는' 것이었다.

경주 황리단길 소품 가게에서 〈마녀 배달부 키키〉 엽서를 만나서 얼른 샀다. 그 옆 작은 서점에서 채윤이는 「히사이시 조의 음악 일기」(책세상 역간)라는 책을 샀다. 모든 영화와 드라마를 음악으로 기억하는 채윤이에게 미야자키 하야오 영화는 히사이시 조의 음악이다. 내가 가장 사랑하는 지브리는 〈마녀 배달부 키키〉이고, 채윤이는 〈천공의 성 라퓨타〉, 현승이는 〈모노노케 히메〉이다. 아빠 종필은? 없다. 신학 대학원 시절, 주말 아빠 시절이었다. 아, 주말에는 전도사여서 주말 아빠도 되지 못했다. 월요일 오전 아빠 정도였지. 그 시절이었다. 그래서 지브리는 아빠 없던 시절, 그 빈자리를 채워 준 셋만의 판타지 세계이기도 하다. 아빠가 방학이던 어느 여름에는 좁은 방 데스크톱 앞에 넷이 붙어 앉아 〈스타워즈〉 시리즈를 정주행했다. 스타워즈의 세계는 마블로 이어졌고, 아빠와 채윤, 현승이 셋은 마블 세계관을 공유하고 있다.

유치원이든 학교든 어디서나 흔히 듣는 공주-왕자 서사를 집에서까지 들려주고 싶지 않았지만, 디즈니 애니메이션 같은 걸 보여 주지 않겠다고 작정한 것은 아니었다. 그저 엄마 취향이었다. 디즈니 아니고 지브리 영화를 보며 자라서 좋은 점이 있느냐고 채윤이에게 물었다. '여백' 같은 것이 좋은 점이라고 했다. 뭔가를 더욱 상상하게 만드는 여백을 준다고. 바로 그거다. 내가 지브리 영화를 좋아하는 이유도. 키키의 다락방은 '알프스 소녀 하이디' 의 다락방과 함께 내 마음의 소중한 공간이다. 덜렁 침대 하나, 세상을 향한 창 하나, 짚으로 만든 침대가 있는 그 방은 한 번도 살아 보지 않은 내 마음의 고향이다. 채윤이 마음에는 천공을 떠다니는 라퓨타 성이, 현승이 마음에는 목이 잘려 나가는 사슴 신이 살아서 오늘도 어떤 이야기를 건네고 있음을 안다.

아이를 키운다고 생각하지만, 아이와 함께 내가 커 왔음을 부정할 수 없다. 내 취향의 자장 안에서 자란 아이들이 자기만의 세계를 구축하며 살아가고 있는 것이 신비롭다. 지브리와 함께, 스타워즈와 함께, 아이들이 자랐고, 내가 자랐고, 가족이 자랐다. 자동차 뒷좌석 아이들 때문에 엄마, 아빠의 그렇고 그런 음악 세계가 넓어지고 다채로워진다. 지브리나 〈스타워즈〉 정도의 세계를 열어 주었더니 엄마 아빠는 닿지도 못하는 음악과 영화의 세계로 날아가 있다. 광활하고 깊어, 가늠이 되지 않는 두 DJ님의 음악 세계이다. 잘 자란 아들딸로 열 DJ 부럽지 않다.

해안 도로가 끝나고 자동차는 어느새 고속 도로에 올랐다. 우리들의 자동차 뮤직 박스는 달린다. 고속 도로에서 골목으로, 골목에서 어느 숲길로, 밤의 어둠을 헤치고, 새벽을 가르며 가족을 태운 자동차가 달린다. 이렇게 저렇게 교차하는 네 개의 음악 취향을 신고 리듬을 타며 달린다. 오늘도 달린다.

우아 육아
아이가 키우는 "엄마"

좋은 엄마 되는 것, 왕도가 있다

가정 교회 모임에서 부모님들을 위한 기도 제목을 나눌 때나 우리 부모님들의 황혼기 모습을 뵈면서 그런 얘기를 한 적이 있다.

'나이 들어서 자녀들에게 해줄 수 있는 최선의 선물은 부부가 잘 지내는 것'이라고. 젊은 시절부터 부부가 잘 대화하고 서로 잘 이해하고 사랑하는 연습이 잘 되어 있을 때, 나이가 들어서 가장 같이 있고 싶고 편안한 사람이 배우자가 될 것이다. 그것만큼 자녀들에게 부담을 주지 않는 방법이 있겠는가? 부모가 둘이서 행복하고 만족스럽다면 말이다.

부부 관계가 건강하지 못한 부부일수록 자녀로부터 보상받기 원하고, 자녀에게 인정받기 원하고, 주말에는 꼭 자녀들(결혼하여 가정을 만든 자녀라 할지라도)과 함께 놀기 원한다. 결국 이런 것이 자녀들로 하여금 부모님을 기쁘게 섬기지 못하게 하는 이유가 될 것이다.

그런데 생각해 보면, 노년기뿐 아니다. 자녀에게 좋은 부모가 되는 일은 어쩌면 언제 어느 때든 같다. 부모가 자신의 삶에 만족하고 행복해 하면 그 유익이 자녀에게 돌아갈 수밖에 없고, 부모의 일상이 힘들고 짜증스러우면 그 또한 자녀에게 고스란히 불편

함으로 전해지게 마련이다. 그러니 사실 좋은 부모가 되기 위해서 대화법을 연습한다든지, 아동의 발달을 공부하는 것보다 우선이 되는 것은 '매일 만족하며 행복하게 사는 길', 그것이 왕도이다.

김장을 도우러 채윤이 고모가 오셨다. 채윤이와 현승이가 고모를 얼마나 좋아하는지 모른다. 김장 준비를 하는데 두 녀석 다 고모 옆에 붙어서 파 썰기, 새우젓 다지기 등을 흉내 내고 조잘조잘 떠들어 댄다. 옆에서 일을 하면서 소외감도 느껴지고, 미안한 마음이 들기도 했다. 김장을 하거나 힘에 부치는 집안일을 할 때는 으레 애들한테 더 퉁명스러워지기 일쑤고, 대답 한 번 따뜻하게 못 해주는 엄마다. 아이들이 크게 잘못한 것도 없는데 저리 가라고 구박하며 밀어내고 말이다.

고모랑 조잘조잘거리면서 즐겁게 어른들의 일에 참여하는 것처럼 엄마가 매일 그래 주면 아이들에게 얼마나 좋을까? 알짱거리다가 할머니한테 한 소리 들을까 봐 지레 내가 먼저 "김채윤 저리 가!" 하고 신경질적으로 반응하는 것이 일상이니…….

좋은 엄마가 되는 길은 그래서 어쩌면 엄마인 내가 행복해지는 길이다. 행복해진다는 것은 '주 안의 기쁨'을 누리고 사는 것이다. 주 안에서 살아야 한다. 그래야 내가 행복하고 아이들이 행복해진다. 피곤에 전 몸으로 소금에 절인 배추를 주물러 김장을 할 때조

차도 마음엔 기쁨이 넘칠 수 있는데 말이다. 그런데 그 하늘로부터 오는 기쁨을 잃고 사는 날이 허다하다.

좋은 엄마가 되는 길은, 좋은 부모가 되는 길은 주님 말씀 안에서 기도의 끈을 놓지 않고 사는 일 뿐이다. 그럴 때 세상이 줄 수 없는 기쁨을 누리고, 그 기쁨을 자녀에게 전염시킬 수 있다.

언어 폭력과 분노 폭발을 회개하기

(엄마들의 기도 모임에서)

모이면 예외없이 지난 한 주 어떻게 짐승같이 애들에게 포효했는지를 서로 고해성사 하는 시간이다.

서로들 '설마 저 엄마가 저런 얼굴로 애들에게 그런 말을 했을까?' 싶기도 하지만 우리는 안다. 애들 앞에서 우리가 어떻게 짐승이 되는지…… 늘 결심하지만 애들은 끊임없이 엄마 말을 듣지 않고, 우리는 참고 참지만 어느새 아이들을 향해 소리 지르고, 협박하고, 빗자루를 거꾸로 들고 내 정신이 아닌 우리 자신을 발견한다.

서로 어떤 상황인지 알기 때문에 그런 우리 모습을 돌아보며 자지러지게 웃기도 하지만, 회개할 부분이 있다고 생각한다.

'아이들을 향한 분노가 과연 온전히 아이들 때문이었던가?'

아이들이 힘이 없고 약하다는 이유로 우리는 다른 데서 받은 스트레스를 아이에게 풀지는 않던가? 우리가 하나님 앞에 제대로 서지 못해서 마음에 기쁨이 없던 것을 단지 아이들 때문에 힘든 것이라 하면서 아이들에게 윽박지르지는 않는가?

우리는 함께 회개 기도를 했다.

기도를 마치고 모두 티슈 하나씩 뽑아 들어야 했다.

이렇게 기도하고 돌아서서 다시 우리 감정으로 아이들을 혼내고 분노할지언정, 끊임없이 우리를 돌아보고 회개하고 새롭게 되기를 결심하는 일은 홀리맘이 되는 중요한 축이라 생각되었다. 기도하지 않으면서 좋은 엄마가 되겠다고 하는 건 어불성설이다.

죄를 고백하고,

다시 새롭게 되고,

또다시 죄를 고백하고,

새롭게 되고…

그러면서 우리는 조금씩 아주 조금씩 하나님을 닮은 엄마가 되어 갈 것이다.

엄마 것인지, 딸의 것인지
감정 분리하기

며칠 전 채윤이가 학교 수련회에 가면서 "엄마, 친구들끼리 밤에 비밀 파티 할거야. 그래서 나는 종이컵 가져가야 해" 하면서 들떠서 준비해 간 종이컵이 눈에 띄었다. 청소를 하다 어제 풀어놓은 짐 사이에서 그대로 다시 가져온 종이컵을 보고 맘이 울컥해졌다.

수련회 이틀 째부터 친구들과 갈등이 생겼나 보다. '엄마, 보고 싶다'는 문자를 시작으로 기대와 다른 수련회를 보내고 있음을 알려 왔다. 여섯 명이 같이 다니는데, 그 친구들로부터 소위 따를 당하고, 마음이 상할 대로 상해서 돌아온 것이다. 이 학교에서의 마지막 수련회라며 그 어느 때보다 들떠서 갔는데 말이다. 하지만 그리 심각한 것은 아니다. 몰려다니는 아이들끼리 1년 내내 이렇게 붙었다 저렇게 붙었다 하면서 서로 상처 주고 상처 받기를 반복해 왔으니까.

문제는 엄마다. 초등학교 때 따 당했던 아픈 기억이 있는 엄마, 뼛속 깊이 자기중심적 까칠함을 소유한 엄마 말이다. 그래서 여러 관계 맺기에 실패했고 실패 자체보다 훨씬 큰 패배감의 상처를 안은 엄마 말이다. 수련회에 갔던 채윤이가 고개를 떨구고 집에 돌아왔을 때 딱 한 번 친절한 손을 내밀었다가 계속 우울 모드인 아이 일 향해 차거운 얼굴을 해버린 것이다. 아이의 맘을 만지는 것보다 '니가 어떻게 했길래 친구들이 그랬겠니. 안 봐도 뻔하다'는 식의 비난의 말이 속에서 올라왔다 내려갔다 한다. 이제는 안다. 그것이 채윤이를 향하는 것이 아니라 나 자신을 향한 목소리라는 것을……. 여전히 관계에서 온전치 못한 나 자신을 향한 퍼붓는 오랜된 비난과 죄책감과 수치심의 메아리라는 것을…….

다행히 마음을 가다듬고 밤 늦게 채윤이에게 솔직한 고백을 하고, 아이의 마음을 다시 들어주고 안아주고 기도했다. 오늘 등교를 두려워 하는 아이에게 사람들의 인정과 상관없이, 외적인 실패와 상관없이 늘 보석같이 존재하는 채윤이의 가치와 함께하시는 성령님의 존재를 상기시켜 주었다. 그러나 등교하는 채윤이의 뒷모습을 보며 막상 더 두렵고 슬픈 건 내 안의 어린 나일 것이다.

청소를 하다 발견한 종이컵을 보고 울컥하여 다시 마음이 무너졌다.

"주님, 아이가 자라며 겪는 성장통을 내 것과 구분하지 못하여 아이에게 두 번 상처 주는 어리석은 짓을 하지 말게 해주세요. 그 아이 곁에서 온종일 지키실 성령님을 의지합니다."

끝나지 않은 예배,
아니고 육아

예배을 마치고 혼자만의 시간을 좀 가지고 싶어 동네 카페에 갔다. 우유 먹고 기저귀 차는 아이들도 아닌데 방학이라 내내 붙어 있는 시간이 참 힘겹다. 내가 책 보고 싶으면 보고 글 쓰고 싶으면 써도 될 만큼 아이들이 컸는데도 말이다. 읽고 있는 책 진도를 좀 뺄 겸, 틈새 자유를 맛볼 겸 카페를 찾은 것이다. 얼마 안 돼 현승이에게 '어디냐'는 문자가 왔다. 어디 있는지 알려 주었으나, 오지 말라고 했다. 30분이 안 되어 카페 문을 열고 현승이가 나타났다. "으이그" 하면서 현승이가 가장 좋아하는 블루 레모네이드를 시켜 주니 이가 퍼레지도록 마시다 대뜸 이런 질문을 했다.

"엄마, 엄마는 현실로 돌아가는 게 어때? 현실로 돌아가는 게 좋아?"

(이게 무슨 소린고?) "무슨 말이야?"

"아니, 그러니까 이런 카페에 있다가 현실로 돌아가야 하잖아. 엄마가 현실로 돌아가면 밥도 하고 일해야 하잖아. 그런 거로 돌아가고 싶어? 내 생각에 엄마는 돌아가고 싶은 것 같아. 나는 아닌데······."

(내가 돌아가고 싶겠냐?) "일상, 말하는 거지? 엄마가 돌아가고 싶어하는 걸로 보여? 그런 것에 적응이 빠른 것으로 보이는 게 아니고?"

"맞다! 엄마는 그런 적응이 빠른 것 같아. 나는 적응이 빠르지도 않고 돌아가고 싶지도 않아. 예를 들어, 〈런닝맨〉에 완전히 빠져서 보고 난 다음에 현실로 돌아오기가 싫고 좀 기분이 이상해. 덕소(할머니 댁)가 좋은 이유는 계속 텔레비전을 보면서 현실로 빨리 돌아오지 않으니까 좋은 것 같아."

주일 예배를 마치며 부르는 찬송이 575장 〈나 맡은 본분은〉이다. 일주일 중 내 마음의 옷깃을 가장 경건하게 여미는 시간이 주일 예배다. 예배를 마치며 부르는 이 찬송의 2절 가사, '부르심 받들어 내 형제 섬기며 구주의 뜻을 따라서 내 정성 다 하리'는 마음이 찌릿하여 그냥 넘어가지 못하는 부분이다. '내 형제'에서 두 아이 채윤이와 현승이를 생각한다. 다음 한 주간 두 아이에게 마음으로부터 정성을 다 하는 것, 그 아이들을 존중하고, 자유롭게 하고, 친절하게 대하는 것이 소명이라고 생각한다. 30분 일찍 가서 본당을 사수하는 정성과 마음가짐으로 일상에서 아이들을 대할 수 있으면 이것이 내 인생의 성공이라고 생각한다. 그러나 그 괴리가 몹시 커서 이 부분을 찬송할 때마다 목이 멘다.

큰아이든 작은아이든 엄마로 살면서 "아이들과 함께 있는 시간이 너무 행복해요"라고 하는 분들을 존경한다(라고 쓰고 '뻥치시네'라고 읽는다). 그렇다고 내가 그렇게 악질 엄마는 아니다. 나름대로 아이들 끼니도 잘 챙기고 같이 놀기도 하고 공부도 봐 준다. 그런데 쉽지 않다. 나는 안다. 아이들과 있는 내 모습이 내 본질과 가장 가깝다는 것을. 예배드릴 때는 물론이고 강의를 마치고 상담을 요청하는 청년들에게, 나 참 친절하다. 제자들이 찾아와 만날 때와 통화할 때도 물론 유쾌하고 친절하다. 하다못해 거리에서 길을 묻는 사람에게도 친절하게 대답하고 우리 사회의 약자들을 떠올릴 때 진정 뜨거운 눈물을 흘린다. 나름대로 괜찮은 인간의 페르소나를 구가한다. 그런데 아이들 앞에서, 엄마 페르소나일 때는 상황이 다르다. 원초적 신경질과 짜증과 악담이 저절로 나온다. 이 모습이 내 본질에 가깝다. 내게 진짜 약자는 밀양의 어르신들이 아니라 채윤이와 현승이다. 난 이 아이들 앞에서 어떤 폭력도 행사할 수 있고, 행사하고 있다.

예배 시간의 나도 나라고 생각한다. 아이들 앞에서 분노 폭발하는 나도 나다. (우리 아이들이 하는 수수께끼 놀이 중 하나, '중성자 폭탄보다 더 무서워서 터지면 지구가 폭발하는 폭탄은?' 정답은 물론⋯⋯.) 이쪽의 나에서 저쪽의 나까지 머나먼 거리를 좁혀 가는 것이 소명이고 성숙이고 자유라고 생각한다. 물론 멀었다. 인정하고 기도하며 애쓰는 한 오늘보다 내일이 더 낫지는 않겠지만 몇 년 후에는 아주 조금이라도 좁혀질 거라 믿는다. 책을 쓰고 강의를 하고 상담을 하며 받는 찬사가 있다 하더라도 내가 아이들 앞에서 어떤 사람인지를 아는 이상 내 평균 점수가 어딘지 잊지 않을 것이다.

블루 레모네이드를 다 마신 현승이는 "엄마, 나 여기 있을까? 아니면 먼저 갈 테니까 혼자 책 더 보고 올래?" 한다. 그리고 홀연히 나갔다. 잠시 엄마에게 〈런닝맨〉을 보는 것 같은 환상적인 시간을 주겠다는 마음이다. 마음에 고인 찬송가 가사를 다시 되뇐다. '부르심 받들어 내 형제 섬기며 구주의 뜻을 따라서 내 정성 다 하리.' 〈런닝맨〉을 보거나 혼자만의 자유를 누리는 카페도 아닌 현실에서 이 가사대로 살기란 참으로 어렵지만, 한 줄기 빛은 비치고 있다. 방학이 일주일 밖에 남지 않았다.(주님, 감사합니다.)

꼴찌로 태어난 토마토

머리 싸매고 과제하기 동지, 종강 동지, 김채윤 동지가 내 산책에 따라붙어 산책 동지가 되었다. 어떻게든 따돌려 보려고 했는데, 결국 따라붙었다. 의기투합하여 걷는 길은 고속 도로와 탄천 사이 농로. 길을 걷던 중, 외롭게 매달린 '토마토마트'를 발견했다. 토마토마트는 어릴 적에 채윤이가 방울토마토를 부르던 이름이다. "와, 꼴찌로 태어난 토마토다!"라고 내가 말했다. 채윤이 어릴 적에 읽어 주던 그림책 제목이다. "어, 나 그 책 생각나는데……." 채윤이도 말했다.

어릴 적에 읽어 주던 그림책, 함께 불렀던 노래를 또렷이 기억하는 건 엄마, 아빠이다. 아이들의 기억은 제목 어렴풋, 반복되던 문구나 운율 어렴풋이다. "달님 안녕" 하고 그때 그 그림책 얘기가 나오면 줄줄 외우며 신나는 건 엄마 아빠다. '꼴찌로 태어난 토마토', '안녕 또 만나', '뭐 하니', '색깔 나라 여행'……. 문자로 나열하면 도통 그 맛을 살릴 수 없는 운율과 딕션으로 남은 우리의 그림책이 있다. 여기서 우리는 종필과 신실이다. 그렇게 읽은 것을 또 읽고, 또 읽고……. 결국 읽는 사람이 외울 지경이 되도록 강요했던 아이들은 모르는 일, 모르는 그림책이다.

그러니까 아이들과 함께했던, 아이들이 이 땅에 살던 초기 기억이 부모와 아이에게 다르게 저장된다. 엄마, 아빠에게는 의식으로 또렷하게, 아이들 자신에게는 무의식으로, 미지의 에너지로!

'미지'의 에너지, 미지. 무의식 깊은 곳에 자리잡은 어린 시절은 알 수 없는 에너지로 오늘과 함께 한다. 스무 살도, 서른 살도, 쉰이나 일흔 살이 된 사람도, 죽음에 임박한 사람조차도, 이것을 안다는 것은 얼마나 무거운 일인가. 내가 내 엄마를 넘어서기 위해 씨름했던 나날을 비추어 우리 아이들의 마음을 짐작해 본다는 것은, 내가 '준 것'이 아니라 주느라고 애쓰며 드리운 그림자가 아이들의 오늘을 이끌고 있다는 것을 아는 것은, 내적 여정 안내자로 살면서 내가 가장 어려워하는 지점이다. 부모가 지운 무의식적인 삶을 지고 끙끙거리는 사람들을 보면서 늘 새롭게 정신 차리고, 또 정신을 일깨울 수밖에 없다. 내담자들, 수강자들이 오늘의 고통을 마주하고 앞으로 나아가려 하지만 뒷덜미를 잡고 있는 것이 부모의 무의식적인 삶인 것을 확인할 때는 이런 생각에 잠긴다.

'아, 나는 평생 아버지의 부재와 맞서 글을 썼고, 마음에서 엄마를 죽였다 살렸다 하면서 신앙 사춘기를 보냈다. 결국 기나긴 세월을 지내며 부모와 화해하고 고요해진 나날을 살고 있다지만, 또 부모가 내게 지운 짐을 마주하는 것은 그나마 길이 보인다지만,

나도 모르게 아이들에게 지운 짐들은 어떻게 해야 할지······.'

"아이가 견뎌 내야 할 가장 큰 짐은 바로 부모의 무의식적인 삶이다."
_카를 융

그래서 나는 그냥 늘 새롭게 만나려고 한다. 아침에 제 방에서 나오는 아이들과 인사하며 어제의 나로 얘네들을 마주하지 않으려고 한다. 어제의 낡은 방식으로 아이들과 만나지 않으려고 한다. 하룻밤 자고, 하룻밤만큼 더 무르익은 존재로 얘네들을 바라보고 겸손하게 대하려고 한다. 물론 결심으로 되는 일은 아니지만 말이다. 적어도 내 결핍이나 욕망에 얽혀서 제 삶을 살지 못하도록 하지는 않았으면 싶다. 이것이 내 한 가지 소원이다.

혼자 걷고 싶은 시간이었지만, 따라붙는 채윤이와 함께 걸으며 마음이 점점 가벼워졌다. 이왕 이렇게 된 거 오고 가는 길을 선택하는 것도 채윤이에게 맡기고, 되는대로 즐겨 본다. 돌아오는 길, 빠르게 해가 넘어간다.

"엄마, 저기 좀 봐. 내가 제일 좋아하는 풍경이야. 텅 빈 나뭇가지 사이로 배경이 보이는 거. 아, 엄마는 저런 나무 싫어하지? 겨울나무는 슬프지?"

"아니, 엄마도 이제 저런 풍경을 좋아하면서 볼 수 있어. 희한하게 이제 많이 괜찮아졌어. 엄마도 너처럼 겨울나무가 있는 그대로 보여. 아름다워. 저런 풍경……."

나목도, 나목 가지 사이로 멀리 보이는 석양도, 경부 고속 도로 위의 집으로 돌아가는 차들도 아름답다. 꼴찌로 태어난 토마토를 뒤로하고 우리도 집으로 돌아온다.

'꼴찌로 태어난 토마토'는 딸과 엄마의 동상이몽일 터. 동상이몽이어서 자유다! 너는 네 꿈을 꾸고 나는 내 꿈을 꾸자.

우아 육아 : 우아한 육아는 없다

초판 발행   2016년 10월 20일
2판 1쇄   2022년 7월 5일
지은이   정신실
발행인   손창남
발행처   죠이선교회(등록 1980. 3. 8. 제5-75호)
주소   02576 서울시 동대문구 왕산로19바길 33
전화   (02) 925-0451(출판부)
        (02) 929-3655(영업팀)
팩스   (02) 923-3016
인쇄소   송현문화
판권소유   ⓒ죠이선교회
ISBN   978-89-421-0488-8   03230